꼬리 밟고 쏙쏙 경찰법 이야기

이동환

유원북스

목차 ————————————————————•

프롤로그

　공무원 채용시험을 보거나 승진시험을 준비할 때 법학은 대략 난감하다. 법학을 전공하지 않은 사람은 더욱 난감하다. 어마어마한 몸집을 가지고 있는 법학을 도대체 어떻게 공략할지 선뜻 떠오르지 않는다. 교과서나 수험서를 보면 언뜻 이해되지 않는 용어와 개념이 수두룩하고, 눈으로 읽을 수는 있는데 그 뜻은 알 듯 말 듯 하다. 목차에 따라 첫 장부터 꾸준히 열심히 공부해 보지만 뭘 알려주려고 하는지 뭘 알아야 하는지 머리에 꼭 짚이지 않는다.

　글쓴이도 법학을 공부하고 연구하면서 느꼈던 경험이다. 그리고 경찰 생활을 하면서, 그런 난관을 극복하고 경찰관이 되어서도 그런 법학 지식을 실무에 활용하는 데 어려움을 겪는다는 사실도 알게 되었다. 법학이란 그 거대한 몸집을 어느 정도는 알고 있는데, 그 지식이 현실의 무엇과 어떻게 연결되는지 쉽게 떠올리지 못한다. 잡다하게 많이 아는 것이 아니라 실무에서 금방 떠올려 논리적으로 적용하는 방법을 아는 것이 더 중요하다. 법학에서는 이를 리걸 마인드(legal mind)라고 한다.

리걸 마인드는 어떤 사건에 대하여 법적인 관점에서 사고하고 판단하는 능력을 말한다. 전통적인 법학에서는 리걸 마인드를 갖기 위해 법의 체계와 원리를 먼저 익힐 것을 강조한다. 결국 다시 방대한 몸집에 대한 체계와 원리를 익혀야 하는 난관에 봉착한다. 많은 시간과 노력의 투자가 필요하다. 그러나 글쓴이는 법이란 이미 있는 현실의 문제점을 해결하기 위해 만들어진 것이지 처음부터 거대한 몸집으로 있었던 것이 아니라고 생각한다. 그래서 법학을 다르게 공부해 보자는 생각을 했다.

바로 꼬리, 즉 현실에서 드러난 문제를 중심으로 필요한 법학의 체계와 원리로 거슬러 올라가 보자는 것이다. 공무원이나 경찰관 앞에 드러나는 꼬리는 어느 정도 한정되어 있어, 민법, 상법, 기타 각종 특별법 등 온통 잡다한 법학을 다 공부해야 한다는 부담을 덜어준다. 그리고 그 꼬리와 관련된 법은 형사법, 경찰행정법, 헌법 정도임에 안도하게 된다. 이 세 분야의 법학도 줄기에 연결된 고구마와 같아서 줄기만 당기면 줄줄 따라올 것이다. 이렇게 꼬리 밟힌 줄기를 당기다 보면 법학의 체계와 원리를 자연스럽게 알게 된다.

글쓴이는 이 책을 통해 그런 이야기를 전개하고자 한다. 꼬리를 밟고 따라가다 보면 줄기가 보이고 그 줄기가 어떻게 연결되어 있는지, 어떤 원리로 연결되어 있는지 쏙쏙 이해되는 그런 이야기를 하고자 한다. 술술 읽다보면 쏙쏙 이해되어 어느새 리걸 마인드가 형성되고, 그 리걸 마인드로 본격적인 전문 서적과 수험서들을 조금 더 쉽게 읽고 이해할 수 있는 이야기를 하고자 한다.

이 책은 경찰법(경찰과 관련된 법)을 중심으로 이야기를 전개한다. 이야기를 듣다 보면 이해되겠지만, 여기서 경찰은 경찰관만을 이야기하는 것이 아니다. 공공의 안녕과 질서를 유지하는 작용을 하는 일반공무원, 즉 복지행정을 제외한 거의 대부분의 일반공무원이 하는 직무작용을 말한다. 그리고 형법, 형사소송법 등의 형사법과의 관계와 적용에 관한 이야기도 불가피하게 할 수밖에 없으므로 형법, 형사소송법을 공부하는 데도 큰 도움이 될 것이다. 모든 법체계의 최고 상위에 있고 기본법인 헌법 중 꼭 필요한 부분을 알게 되는 것은 덤이다.

글쓴이는 법학 입문자와 수험생만을 염두에 두지 않았다. 40년 가까이 경찰을 지켜보면서 늘 안타까웠던 것이 현장 경찰관이 언론 비난이나 내부 징계, 그리고 소송을 당하면서 제대로 된 항변과 대응을 하지 못하는 점이었다. 그리고 현장에서 당황하며 어쩔 줄 몰라 전전긍긍하는 모습들이 이 책을 쓰게 된 또 하나의 강력한 동기가 되었다. 무엇보다 익숙한 형사법적 사고에만 젖은 법조와 언론, 그리고 이 사회의 인식을 바꿀 수 있다면, 우리의 안녕과 안전은 더욱 굳건하게 되리라는 믿음 때문이다.

그럼 현실 속에 드러난 꼬리를 하나하나 밟아 법학의 체계나 원리란 몸통이 머리에 쏙쏙(기억이나 인상이 선명하게 새겨지는 모양) 들어오도록 하는 이야기 여행을 떠나 보겠다. 이야기를 들으면서 법령 속의 '국민, 사람, ~하는 자' 등을 '우리와 나'로 변환하여 읽으면 좀 더 절실하게 리걸 마인드를 가지게 될 것이다. 이야기 줄기를 타고 뿌리로 가는 여정 속에 더 따고 싶은 잎과 과일은 전문 서적에서 얻을 수 있을 것이다. 극히 짧고 간결한 여정이지만 여러분에게 신세계를 미리 경험하는 이야기가 될 수 있었으면 하는 바람이 간절하다.

이야기의 시작은 어느 법학 서적과 다르게 '위험'에 대한 이야기로 시작한다. 경찰의 활동은 보호법익인 공공의 안녕과 공공의 질서에 대한 위험이 발생하거나 위험이 실현된 장해가 발생한 상태가 그 시작점이기 때문이다.

위험 - 경찰권 발동의 트리거

　얼마 전에 실제 일어난 일이다. 층간소음 문제로 시비가 되어 이웃 간에 다툼이 있었다. 경찰이 출동하여 다툼의 당사자를 분리하고 신고자를 조사하던 중이었다. 그런데 분리했던 당사자가 갑자기 달려들어 흉기로 공격하여 신고자와 그 가족이 크게 다쳤다. 언론과 경찰청은 피습 당시 경찰관이 강력한 물리력을 사용해 보지도 않고 그 자리에서 벗어난 점에 대해 각각 비난하고 반성하였다. 그래서 이에 대한 대책은 물리력 사용 훈련 등 공권력 강화로 귀결되었다.

　여러분이 이러한 비난과 대책에 대해 다른 의문이 없거나 공감한다면, 드러난 꼬리를 잘못 밟은 것이다. 제대로 밟아야 할 꼬리는 공권력의 무력함이 아니라 바로 '위험'이다. 여러분은 어떨 때 신고하여 공권력의 도움을 받는가? 피해를 당했거나, 자신이나 주변이 안전하지 않다는 것을 느꼈을 때일 것이다. 어느 건물에 신나 냄새가 가득하다는 신고를 받고 출동한 경찰관이나 소방관은 '불이 날 위험'이 있다고 판단하는 것이 당연하다. 그래서 그 장소에 있는 사람을 대피시키고, 자세한 신고

내용은 신고자를 보다 안전한 장소로 이동시켜 조사하는 것이 전문가의 상식일 것이다. 층간소음이든 사소한 시비든 신고를 하였다면 신나에 대한 신고와 마찬가지일 것이다.

앞의 사례에서 경찰관은 '위험'의 방지나 제거 조치에 대한 인식이 미흡하였다. 신고를 위험으로 인식하고 출동하여 분리 조치하였으나, 같은 건물 바로 아래층에 사는 시비 당사자가 신나와 같은 존재라는 걸 간과하였다. 일반인으로서 여러분은 그럴 수 있다. 그러나 법을 집행하는 사람은 모든 사물과 상황을 전문적으로 판단하여야 한다. 그래서 필요한 것이 리걸 마인드이다. 무엇이 위험이고, 그 위험을 방지하고 제거하기 위해서는 어떠한 조치가 필요한지 알고 있어야 한다.

위험은 경찰 작용의 트리거 역할을 한다. 트리거는 총의 방아쇠를 가리키는 용어로서, 어떤 사건의 반응·사건을 유발한 계기나 도화선의 의미다. 위험이 발생하면 경찰 작용을 할 수 있고, 위험이 있어야 경찰권이 발동되는 것이다. 건축과 공무원은 건축물에 이상이 발견되면 철거명령 등을 내린다. 식품과 공무원은 위생 상태가 불량한 식당에 대해 영업금지 명령 등을 내린다. 보건 공무원은 감염병이 전파될 수 있다고 판단되면 '사회적 거리두기' 등의 각 행정명령을 내릴 수 있는 것은 바로 위험이 존재하기 때문이다.

　그런데 실제 건물이 무너졌는지, 식중독이 생겼는지, 감염병에 감염되었는지는 문제 되지 않는다. 일반인이 위험을 떠올리면 불난 상태, 건물 붕괴, 집단 감염, 식중독 발생을 떠올린다. 하지만 경찰행정법에서의 위험은 그 전 단계, 즉 그럴 개연성이 있는 상태이고, 일반인이 떠올린 상황은 이미 '장해'가 발생했다고 표현한다.

　법학상의 용어와 개념은 사회 일반인의 용어와 개념과는 차이가 있다. 일반인이 흔히 사용하는 '선의'와 '악의'는 법률 용어상으로는 '착한 의도'와 '나쁜 의도'가 아니라 (자신의 행위가 법률관계의 발생, 소멸 및 그 효력에 영향을 미치는 사실을) '모르고 한 일'과 '알고 한 일'로 정의된다. 증발된 물이 대기 중에서 화학적 변화를 거쳐 땅 위로 떨어지는 물방울을 '비'라는 용어로 간략하게 설명하는 것과 비슷하다. 비, 흙, 돌, 바람 등 실제 있는 것은 보이거나 느낄 수 있기에 쉽게 생각한다. 그러나 실제 존재하지도 않는 관념을 단순한 용어로 개념화하는 것은 극히 어렵다. 그래서 일반 용어 중에서 빌리거나 새로운 용어를 만들어낸다. 그러므로 법학에서의 용어는 정확한 개념과 쓰임새를 염두에 두고 익혀야 한다. 그 용어의 개념과 쓰임새는 수학에서의 개념과 공식처럼 리걸 마인드 형성과 적용에 쓰이므로 꼭 익혀 두어야 한다.

위험에 대해 일일이 사례를 들어 이야기하면 쉽겠지만 모든 사례를 살펴보는 것은 곤란하다. 그래서 그 사례들을 한마디로 꿰어 표현하는 방법을 택하게 되는데 그것이 바로 개념 정의다. 위험의 개념은 '어떤 사실의 정상적인 진행을 방치하게 되면, 가까운 장래에 (어떤 상태 또는 행위가 공공의 안녕 혹은 질서에) **손해가 발생할 충분한 개연성**이 있는 상황'으로 표현할 수 있다. 건물이 무너지면 재산과 인명에 손해가, 식중독에 걸리면 인명에 손해가, 감염병에 감염되면 인명의 손해가 발생할 수 있다. 이렇게 개념에 사례를 적용해서 모든 사례를 설명할 수 있으면 그것이 개념이 된다. 손해는 뭔가 줄어들거나 해를 입는다는 뜻으로 물질이나 인명에 대한 손해뿐만 아니라 자존감과 명예 등의 보이지 않는 것에도 발생할 수 있다는 것은 기억해 두자. 재산, 생명·신체, 자존감, 명예 등은 법으로 보호받는 이익으로 '법익'이라고 한다. 그래서 '손해'는 법익이 줄어들거나 법익에 해를 입는 것이다.

위험 개념에서 중요한 요소를 이루는 것은 바로 '손해'와 '충분한 개연성'이다. 개념을 익힐 때 반드시 정확하게 알아야 하는 것을 개념 요소라고 한다. 그럼 위험의 두 번째 요소 '충분한 개연성'에 대해서 알아보자. '확실하다(확실성)'와 '가능하다(가능성)'는 각각 '확률 100%'와 '확률이 0%는 아닌 상태'를 표현하는 것이다. 개연성(蓋然性)은 확실한 것은 아니지만 그 가능성의 '정도'를 표현하는 말이다. '충분한 개연성'은 확률이 0%가 아닌 그 이상의 가능성의 확률이 있다는 말이다.

그런데 충분한 개연성은 과연 몇 %의 확률을 말하는지 모호하다. 법학에서는 모호하고 애매하면 약속을 정한다. 보호해야 할 법익이 생명·신체 등 고가치이면 고가치일수록, 법익에 대한 손해가 크면 클수록 극히 낮은 확률에도 충분한 개연성이 있다고 법학에서는 약속한다. 만우절의 폭발물 신고가 실제 폭발로 이어지는 확률은 극히 적지만, 경찰관이 출동하여 건물을 봉쇄하고 사람을 대피시키며 폭발물을 수색한다. 명예도 법익이지만 명예훼손을 당했다고 신고하여도 동의를 받지 않고 침해자의 주거지를 출입할 수 없는 것은 '충분한 개연성'이 부족하기 때문이다. 법익에 손해가 발생할 충분한 개연성, 즉 위험이란 개념은 공권력의 발동을 정당하고 적법하게 만들어 주는 근거가 되고, 위험이 없으면 함부로 공권력을 발동할 수 없도록 하는 공권력에 대한 통제 장치이다.

앞의 충간소음 시비 사건에 있어 시비 당사자가 언제든지 다시 다투는 과정에서 사람의 신체·생명이란 보호법익에 손해를 발생시킬 수 있는 충분한 개연성이 있으므로 위험이 인정된다. 그러한 위험은 실제 그러한 사건이 많이 발생한 경험에서도 그 개연성이 충분히 인정된다. 위험이 있으므로 경찰권의 개입, 즉 경찰권 발동은 정당화된다. 경찰관직무집행법 제5조 제1항(위험 발생의 방지 등)에 의해 다툼 당사자를 분리시키고 위해를 입을 우려가 있는 신고자를 안전한 장소에 억류하거나 피난시킬 수 있는 법적 권한이 있다. '경찰 비례의 원칙'에 의해 신고자를 강제로 억류하거나 피난시키는 강제력을 행사할 필요는 없었을 것이다. 그래서 안전한 장소인 신고자의 주거지에서 신고내용을 조사하자고 했으면 신고자가 동의하였을 것이다. 그랬다면 그 신고자가 가까운 장래에 피습될 개연성은 0%가 되는 것이고 세상이 요동치는 난리는 일어나지도 않았을 것이다. 그리고 엉뚱한 대책이 강조되는 여론도 조성되지 않았을 것이다. 이것이 우리가 위험이란 꼬리를 정확하게 밟을 수 있는 '위험에 대한 감수성' 즉 리걸 마인드를 길러야 하는 이유이기도 하다.

위험 – 사전적 판단

위험은 아직 발생하지 않는 것을 뜻하는 용어다. 이미 발생했다면 다른 용어인 '장해'로 부른다. 위험은 가까운 장래, 즉 미래를 예측하여 판단하게 만드는 용어다. 그래서 위험의 존재 여부에 대한 판단은 사전적(事前的; 일이 발생하기 전의)이고 학자들은 엑스앙떼(ex ante)라고 현학적 표현을 한다.

'일어난 일을 처리하거나 해결하는 것도 빠듯한데 왜 일어나지도 않은 일에 대해서 인류는 위험 개념을 만들어내었을까' 하는 의문이 들 수 있다. 법학을 공부할 땐 모든 상황을 '나'를 중심으로 생각하면 이해가 훨씬 쉬워진다.

여러분도 불안한 적이 있을 것이다. 불안(不安) 또는 '불안감'이란 특정한 대상이 없이 막연히 나타나는 불쾌한 정서적 상태, 안도감이나 확신이 상실된 심리 상태이다. 즉, 안전하지 않다는 것이다. 여러분이 그렇다면 여러분의 까마득한 선조인 인류는 더 심하였을 것이다. 선조 인류들은 지금보다 더 열악하고 불확실한 상태에서 생존을 위해 먹을 것을 찾아다니고 생명을 걸고 사냥하였다. 확보한 먹거리와 사는 곳을 누군가에게 침탈당하지 않기 위해 전전긍긍했을 것이다. 그리고 누군가가 자신을 해칠지도 모른다는 불안에 시달렸을 것이다. 그래서 막연한 불안부터 어느 정도 일어날 가능성이 있는 불안을 지칭하기 위해 '위험'이라는 용어와 개념을 만들었을 것이다. 위험하니 조심하라고 경고하고, 위험하니 힘을 합쳐서 막아내자고 독려하기 위한 것이기도 했을 것이다.

인류는 '위험'에 대해 대처하기 위해 문명을 발달시켰다고 해도 과언이 아니다. 구석기, 신석기, 청동기, 철기 등의 발달도 그렇고, 집단적인 대처를 위해 국가를 건설하였다. 그리고 똑같은 위험이 계속 반복되면 어떤 유형으로 분류할 수 있게 된다. 예를 들어, 몰래 가져간다, 강탈한다, 죽인다 등의 위험들을 '눈에는 눈, 이에는 이(기원전 1750년 경 함무라비 법전에서)'라는 생각으로 강력하게 처벌함으로써 그런 위험이 발생할 여지를 줄이고자 하였다. 이렇게 유형화된 위험을 유발하는 것을 '범죄'로 규정하고 처벌받게 함으로써 위험을 줄이고자 하는 것을 오늘날 형사법 쪽에서는 '일반예방주의'라고 한다.

앞에서 막연한 불안이라고 한 위험을 경찰행정법에서는 '추상적 위험'이라고 한다. 자동차는 사람들에게 이동의 극대화를 가져다준 문명의 이기이다. 하지만 자동차는 사람이나 물건에 심각한 손해를 입힐 수 있다. 이러한 막연한 불안에 대해 인류는 미리 법규를 통해 그 막연한 불안을 줄이려고 노력하였다. 운전면허가 있는 사람만 자동차를 운전하게 하고, 도로교통법 등을 통해 통행 방법을 강제하고 이를 위반하거나 위험한 운전행위를 단속함으로써 그러한 위험의 발생을 줄이려고 한다.

뒤에서 다시 상세히 이야기하겠지만, '면허'란 경찰행정법상 행정행위인 '허가'다. '허가'는 인간이 본래 가지고 있던 자연적 자유를 안전을 위해 일반적으로 금지해 놓았다가 일정한 요건을 갖춘 경우, 그 금지를 해제하여 적법하게 만든다는 용어와 개념이다. 여러분이 적법하게 운전하려면 운전면허시험 합격을 통해 운전할 자격을 갖추어야 한다. 추상적 위험은 이렇게 법규에 의해 통제되고 있고, 세상이 변하여 또 다른 불안이 포착된다면 이를 통제할 법규가 또 만들어진다. 새로운 형태의 위험, 즉 스토킹, 사이버상 침해 등을 범죄화하는 것도 그러한 작용이다. 이 세상의 대부분 법률은 이렇게 추상적 위험에 대해 그 위험의 여지를 줄이고, 통제하기 위해 만들어진다고 해도 과언이 아니다. 경찰행정법은 형사법이 관장하는 사후 처벌이 아니라, 사전적으로 그러한 추상적 위험을 방지하거나 제거하기 위한 법규를 주로 관장한다.

추상적 위험이 막연한 불안이라면 '구체적 위험'은 '개별 사례'에서 '가까운 장래'에 일어날 수 있는, 즉 '충분한' 개연성을 가진 위험이다. 자동차가 위험한 물건이라고 해서 여러분이 곧바로 그 위험의 대상이 되는 것은 아니다. 여러분 앞에서 자동차가 돌진할 때의 위험이 바로 구체적 위험이다. 여러분에게 누군가가 시비를 걸 때의 위험, 여러분이 있는 장소가 침해받을 것 같은 때의 위험, 여러분 스스로 만취하거나 정신착란, 혹은 자살 충동을 일으켰을 때의 위험 등이다. 시비가 폭행이나 상해, 살인으로 이어지지 않을 수 있고, 여러분이 있던 장소가 실제 침해가 일어나지 않을 수 있다. 그리고 만취하거나 정신착란, 그리고 자살 충동이 실제 손해로 이어지지 않을 수 있다.

이러한 위험은 가까운 장래에 일어날 일로 당장은 일이 일어나지 않았지만, 그 위험 판단은 '당장 지금' 해야 한다는 특질을 가지게 된다. 즉, 여러분이 경찰관으로서 공권력을 행사해야 한다면 그 시점은 일이 발생하기 전이라는 사실이다. 위험에서의 판단은 사전적 판단, 즉 예측이라는 사실을 잊지 말아야 한다. 위험이란 개념으로 인해, 일이 발생하고 난 뒤의 사후적 판단인 형사법 원리와 사전적 판단인 경찰행정법 원리는 완전히 다르게 전개된다.

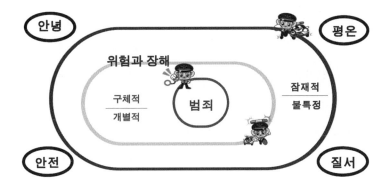

위험 - 다양한 모습

위험에 대한 판단이 일이 벌어지기 전에 하는 사전적 판단이란 특질로 인해 위험 판단에 관련된 여러 가지 문제들이 제기된다. 자살 기도자가 있다는 신고를 받고 출입문을 부수며 그 장소에 진입했는데 아무도 없거나 사람이 멀쩡한 상태로 있는 경우가 있다. 전문가로부터 붕괴 위험이 있다는 건물에 대해 철거 명령을 내렸는데, 사실은 전문가의 판단이 엉터리로 판명되는 경우도 있을 수 있다. 그럼에도 불구하고 여러분이 공무원 당사자라면 위와 같은 조치를 하지 않을 수 없을 것이다.

이렇게 사전적 시점에서 사실관계를 합리적으로 평가하였을 때 가까운 장래에 손해가 발생할 충분한 개연성이 있었지만, 실제 손해가 발생하지 않는 경우를 해결하기 위해 만들어진 개념이 있다. 바로 '외관상 위험'이고 그 뜻을 풀이하면 그럴듯한 위험, 무늬만 위험, 위험으로 보이는 것 등으로 설명할 수 있다. 뒤에서 자세히 이야기해 보겠지만, 법학은 그래서 '개념'의 학문이다. 개념이란 원래 있던 것이 아니라, 법학적 논리 전개의 필요성에 의해 창작되는, 즉 만들어지는 것이라는 점에 유의해야 한다. 그래서 왜 만들어졌는지 알게 되면 그 개념을 이해하기 쉬워진다. 앞에서 말한 황당한 상황을 어떻게든 해결해야 하니까 '외관상 위험'이라는 개념이 만들어진 것이다.

법학에서는 '객관적'이란 말과 '주관적'이란 말이 많이 쓰인다. 일상용어대로 생각해도 무방하다. '객관적'이란 '나 아닌 다른 사람도 그렇게 생각한다'란 뜻이고, '주관적'이란 '내가 그렇게 생각한다'란 뜻이다. 앞의 사례에서 조치할 시점에 나 아닌 다른 사람의 생각까지 고려할 수 있는지에 대해 고려해야 한다는 주장과 사전적 예측을 하는 데 다른 사람의 생각까지 고려하는 것은 불가능에 가까우므로 조치한 사람의 판단만 고려하자는 의견이 있다. 이를 '외관상 위험에 대한 객관설', '외관상 위험에 대한 주관설'이라고 하고 학설 다툼이 있지만 다수설은 주관설이다. 경찰관의 급박하고 고독한 판단과 조치를 고려한 학설이다.

자연적으로 존재하는 돌, 물, 흙을 두고 학설이 대립하는 경우는 없다. 법학에서는 대부분 실제 존재하지 않는 것들을 존재하는 것처럼 이야기하기 때문에 그에 대한 사람의 생각이 똑같지 않을 수 있다. 법학은 존재 자체를 이야기하는 것이 아니라, 그 해석을 주로 한다. 해석은 사람마다 다를 수 있다. 많은 사람이 인정하는 다수설이 꼭 정답이라고 할 수 없는 것이 법학의 세계이다.

여러분은 이런 의견을 참고하여 자신에게 유리하고 다른 사람에게 설득력을 가질 수 있는 사고를 주체적으로 해야 한다. 공무원은 전지전능한 신이 아니다. 미래에 잠깐 갔다 와볼 수 있는 초능력이 있는 것도 아니다. 사전적 판단을 하는 시점에 그런 전지전능과 초능력을 가진 것이 아니라면 어느 공무원 누구나 그렇게 믿고 할 수밖에 없을 정도면, 또한 다른 공무원과 크게 다르지 않는 여러분이 당사자로서 합리적으로 그 조치가 옳다고 믿었다면 그 조치는 적법하다. 다수의견을 따르든 소수의견을 따르든 그 결과는 같을 수 있다.

그런데 누가 봐도 영화 촬영 중이란 걸 알 수 있는데도 불구하고, 사람을 죽인다고 오인하고 총기를 발사하는 경우도 외관상 위험에 따른 적법한 조치라고 해석할 수 있는지 의문이 든다. 이런 경우를 구별하기 위해 만들어진 개념이 '오상위험'이다. 오상위험(誤想危險)은 잘못 생각한 위험이란 뜻이다. 오상위험에 대한 공무원의 개입은 그 적법성을 담보할 수 없다. 외관상 위험인지 오상위험인지 판단하기 어려운 경우도 있다. 그 경우 외관상 위험으로 판단하여 공권력을 발동하였다면 그것이 왜 외관상 위험으로 판단되었는지 설명할 수 있어야 한다. 그 키워드는 '평균적인 공무원이 합리적으로 판단한다면 그 조치가 적법하다'는 것이다. 이렇게 적법성을 또박또박 설명할 수 있는 것이 리걸 마인드이다.

위험과 관련된 또 다른 경우로 신고받은 경찰관이 업무수행 경험상 장난이나 허위신고라고 판단되는 경우가 있다. 위험이 있다고 판단할 근거로 신고는 있었지만, 자신의 말을 듣지 않으면 서울역을 폭파하겠다는 범죄자의 자진 신고로 그럴 가능성이 없다는 것을 경찰관이 스스로 알고 있는 경우다. 이런 경우 위험을 '위험의 혐의'니 '위험의 의심'이라는 용어와 개념으로 설명하는 의견이 있다. 여기에 대한 고민은 법학 전문 서적을 통해서 하고 여기에서는 간단히 위험이든 외관상 위험이든 최소한 위험의 존재를 확인하지 않을 수 없다는 점만 강조하겠다. 그 확률이 0%임를 확신하지 못하는 경찰관으로서는 그 위험이 실제 존재하는지에 대해서 출동하여 '위험존재 확인조치'를 하지 않을 수 없기 때문이다. 환경 공무원이 환경 문제에 있어 그 환경에 문제가 있는지 토양검사나 동식물 생태 조사를 하는 것 등도 이러한 법리다. 생명·신체와 관련된 고가치의 법익이 관련되어 있기 때문이다.

이 밖에 처음에는 전혀 위험하지 않던 상황이 이후에 외부적인 요인이 부가됨으로써 구체적 위험이 되는 경우를 '잠재적 위험'이라고 한다. 그리고 현재의 위험, 현저한 위험, 긴급한 위험, 공공의 위험 및 임박한 위험 등이 있는데, 앞에서 말한 것처럼 이런 것들은 법학에서의 해석과 논리 전개를 위해 필요하기 때문에 만들어진 용어와 개념들이다. 이 책의 이야기는 꼭 필요한 이야기에 한정하기에 이 용어와 개념들에 대한 설명은 생략한다. 이 책의 독자들에게는 머리만 더 아프고 헷갈리게 할 뿐이기 때문이다. 911테러의 영향으로 아예 위험조차도 발생하지 않도록 해야 할 필요성이 커지자 위험방지가 아닌 '위험의 사전배려'가 논의되고 있다. 이 역시 법학은 현실의 필요성을 반영하는 학문이라는 점만 기억하고 넘어간다.

앞서 몇 번 등장한 용어와 개념으로 '장해(障害)'가 있다. 한마디로 일이 벌어져 손해가 발생하여 계속되는 상태이다. 불이 났고, 자동차가 도로에서 사고가 나서 전복되어 있는 상태다. 고성방가로 수면을 방해하고 있으며 실종된 사람을 아직도 발견하지 못한 상태다. 이러한 '장해'는 제거되고 진압되어야 한다. 즉 경찰 작용의 대상이 되는 것이다. 경찰 작용에 대해서 굳이 장해에 대한 설명이 없는 것은 이미 위험단계에서부터 경

찰 작용의 적법성은 긍정되므로 위험 실현상태는 당연히 포함
되기 때문이다. 위험과 장해를 합쳐 '위해(危害)'라고 한다. 전
문 서적과 법률 규정에서 많이 보게 될 것이다.

경찰행정법에서 가장 중요한 개념이 위험이고, 이 위험에 대
해서 꼭 기억할 것은 일이 벌어지기 전 사전적 판단이며, 사후
에 실제 일이 발생하든 안 하든 적절한 조치를 할 수 있거나,
경우에 따라서는 꼭 조치해야 한다는 점이다. 그리고 위험이
경찰 작용을 할 수 있는 근거이자 요건이고, 위험이 없는 상태
에서 경찰권 발동은 경찰권 남용의 문제가 생길 수 있다는 점
이다. 그런데 위험이 있음에도 불구하고 빙벽타기 등 익스트림
스포츠를 즐기는 사람에 대한 경찰권 발동이 고려되지 않는 경
우가 있다. 이 세상의 모든 위험이 경찰 작용의 대상이 되지는
않는데, 이 문제는 위험에 관련된 문제라기보다 위험의 보호법
익에 관련된 문제들이다. 위험을 근거로 경찰 작용을 하게 되
는데 그 위험으로부터 보호해주어야 할 법익들이 무엇인지 뒤
에서 알아본다. 위험으로부터 보호해주어야 할 법적 이익들을
보호법익이라고 한다. 경찰행정법상 보호법익은 공공의 안녕과
공공의 질서다.

공공의 안녕

여러분이 길을 걷다 발을 헛디뎌 넘어지는 바람에 다른 사람 건물의 유리창을 박살 냈거나 술에 만취하여 걷다가 신장개업을 알리는 간판을 넘어뜨려 다시 쓰지 못할 정도로 훼손한 경우를 생각해 볼 수 있다. 그리고 여러분이 그 건물과 식당의 주인인 경우를 생각해 볼 수 있다. 가해자인 경우의 여러분은 형법 제14조(과실)에 '정상적으로 기울여야 할 주의(注意)를 게을리하여 죄의 성립요소인 사실을 인식하지 못한 행위는 법률에 특별한 규정이 있는 경우에만 처벌한다.'란 규정에 의해 과실손괴죄로 처벌받지 않는다.

하지만 피해자인 여러분도 형법 제23조(자구행위)의 '법률에서 정한 절차에 따라서는 청구권을 보전(保全)할 수 없는 경우에 그 청구권의 실행이 불가능해지거나 현저히 곤란해지는 상황을 피하기 위해 한 행위는 상당한 이유가 있는 때에는 벌하지 아니한다.'란 규정을 통해 방어할 수 있다. 그 변상이 확실해질 때까지 그 가해자를 어디로 가지 못하게 할 수 있다. 이런 행위는 보통 불법감금죄를 생각해 볼 수 있으나, 그것이 '자구행위'로 인정되면 처벌받지 않는다. 사례와 관련된 청구권은 손해배상청구권이다. 가해자가 도망가버리면 그 청구권의 실행이 불가능해지기 때문이다. 그런데 만약 피해자인 여러분이 가해자의 힘을 이기지 못하여 잡아 둘 수 없는 상태인데, 마침 경찰관이 지나가고 있었다. 이때 그 경찰관에게 도움을 요청하면 경찰관은 이 경우에 개입할 수 있는가, 즉 '경찰권을 발동할 수 있는가'하는 문제를 고민해 볼 수 있다.

경찰권 발동은 보호법익인 공공의 안녕과 공공의 질서에 대한 위험이 발생해야 한다. 경찰관이 개입하지 않으면 그 주인은 손해를 배상받을 길이 없어지므로 위험이 된다. 그런데 손해배상청구권이란 개인적 권리이자 법익이 공공의 안녕과 공공의 질서 속에 포함되는지에 대한 의문이 들 수 있다. 공공장소 흡연 금지, 공공의 적 등의 용어가 일반적으로 쓰이고, 공공은 개인에 대한 대치(반대)되는 개념으로 사회적으로 두루 관계되는 것을 말하는 용도로 쓰이기 때문이다. 더군다나 제국주의 일본에서 생성되어 일본은 물론 우리나라 문헌에서도 자주 보이는 '경찰 공공의 원칙'이란 조리상 원칙은 사생활 불가침, 사주소 불가침, 민사관계 불간섭 등을 내세우고 있어 공공의 안녕과 질서 개념을 혼동하게 만들기 때문이다. 일본과 한국에서

'경찰 공공의 원칙'에 대한 비판과 폐기 시도는 전문 서적을 통해 알아보는 걸로 한다. 공공에 대한 많은 착시와 오해에도 불구하고 공공의 안녕에는 개인의 권리와 법익이 포함된다는 점을 분명히 하고 이야기를 이어나간다.

여러분은 어떤 경우에 불안을 느끼고 또 어떤 경우에 안전을 느끼는지 생각해 본 적이 있을 것이다. 내 생명, 신체, 건강이 안전하고 내 자존감과 자존심이 지켜지며, 내 뜻대로 하는 데 방해받지 않고, 내가 가진 것을 잃지 않는다면 안전하다고 느낄 것이고 그렇지 않다면 불안할 수밖에 없다. 대한민국헌법 제10조는 "모든 국민은 인간으로서의 존엄과 가치를 가지며, 행복을 추구할 권리를 가진다. 국가는 개인이 가지는 불가침의 기본적 인권을 확인하고 이를 보장할 의무를 진다."라고 규정하고 있다. 여러분은 대한민국 국민이므로 국가는 여러분이 불안하지 않고 안전하게 사는 것을 보장할 의무를 진다. 의무의 상대방인 여러분은 바로 권리를 가지고 있는 것이다. 헌법은 제2장에서 국민의 권리와 의무를 규정하고 있다. 헌법과 그것을 구체화한 법률에서 여러분의 권리가 무엇인지 알 수 있다. 그것을 여러분의 '개인적 권리와 법익'이라고 하고, 국가가 공공의 안녕을 보장한다고 할 때 가장 먼저 고려해야 하는 것이다.

그런데 어떤 경우에는 여러분이 그 불안감을 즐길 때가 있다. 익스트림 스포츠는 물론 흡연, 음주, 과도한 소비 등은 분명 생명·신체·건강·재산에 대한 장해를 유발할 수 있는 위험이 있다. 그럼에도 불구하고 국가는 이에 개입하지 않는다. 이는 여러분이 '자초한(스스로 초래한) 위험'이기 때문이다. 그러나 그것들이 다른 사람에게도 위험한 경우에는 공익상 필요에 의해 국가가 개입한다. 정상적인 판단으로 초래한 것이라고 볼 수 없는 상태, 즉 정신착란이나 만취 상태 같은 경우에는 국가가 개입한다. 극단적 선택도 자유지만 마찬가지다

대한민국헌법 제10조에 명시된 '기본적 인권'은 딱 정해진 것이 아니다. 생존권은 물론이고 제34조의 인간다운 생활을 할 권리, 그리고 자유권, 평등권 등은 인류의 지성이 발전해감에 따라 법률에 구체화되어 왔다. 하지만 자유권에 근거한 동성애나 성전환은 그 자유를 침해받기도 하고, 동성애자 사이의 결혼은 법적 보호를 받지 못한다. 그래서 그 '기본적 인권'은 더 성장하고 확장될 여지가 있으나 그중에서 아직 개인적 권리나 법익으로 인정받지 못한 것도 있다는 점을 유의할 필요가 있다.

개인적 권리나 법익이 구체적으로 법률에 의해 규정되면 이것은 '객관적 법질서'가 된다. '객관적 법질서'는 성문, 즉 법령

으로 규정되어 있는 모든 것을 말한다. 대치되는 개념인 불문법은 법령으로 규정되어 있지 않지만 인정되는 관습, 관례, 조리(이치) 등을 말한다. '객관적 법질서'는 공공의 안녕에 포함된다. 앞에서 말한 '개인적 권리와 법익'은 오늘날 대부분 법령에 규정된다. 형법에서 살인죄, 상해죄, 절도죄, 강도죄, 권리행사방해죄 등등을 규정하여 개인적 권리와 법익을 침해하는 것을 범죄로 규정하고 있다. 최근에는 가정내 폭력, 노인·아동 학대, 스토킹하는 것도 범죄화되었고, 그래서 '주관적 권리와 법익'이 '객관적 법질서'화 되는 것처럼 이 두 요건은 중첩되는 것이 대부분이다. 이 객관적 법질서는 형법 등과 같은 공법 규범에 한정되지 않는다. 사법 규범도 포함되지만, 단지 이에 대한 보호는 일차적으로 민사법원과 그 집행관에 의하고 경찰 작용은 보충적이다. 앞 사례에서 과실로 재물을 손괴한 사람이 누군지 안다면 법원에 손해배상청구권을 청구하면 되고, 누군지 모를 경우 그 사람이 떠나버리면 손해배상청구권이란 권리가 영원히 없어질 위험이 발생하므로 경찰권이 개입을 할 수 있는 것이다. 이러한 상황을 '개인적 권리나 법익'으로 설명해도 마찬가지 결과가 된다.

여러분이 바로 주변에서 느끼는 불안 말고 또 어떤 것에 불안을 느끼는지 생각해 보면 공공의 안녕이란 개념의 개념 요소를 완성하게 된다. 여러분에게 국가가 없다면, 국가가 제대로 기능하지 않는다면 여러분은 늘 불안감을 떨칠 수가 없을 것이다. 그래서 공공의 안녕이란 개념 속에는 '국가의 존속, 국가 및 그 밖의 공권력 주체의 시설, 제도와 행사'란 국가적 법익이 포함되는 것이다. 국가 외에 공권력 주체는 지방자치단체 등을 떠올리면 된다.

정리하면 공공의 안녕이란 '개인의 생명·신체(건강)·명예·자유·재산과 같은 주관적 권리와 법익, 객관적 법질서, 국가의 존속과 국가 및 그 밖의 공권력 주체의 시설·제도·행사가 아무런 장해도 받지 않은 상태'를 의미한다. 굳이 시험에 들 때는 이 개념 요소들을 3가지로 나누어 기억해야 하나, 실무에서는 우리나라 모든 성문법의 규정들이 아무런 장해도 받지 않는 상태가 공공의 안녕이라고 간략하게 기억하면 된다. 비록 성문법에 규정되어 있지 않더라도 생명·신체·건강에 관련되어 있다면 개인적 권리와 법익을 떠올리면 된다. '실종아동등의 보호 및 지원에 관한 법률'은 실종 당시 18세 미만인 아동, 장애인복지법의 지적 장애인·자폐성장애인 또는 정신장애인, 그리고 치매관리법의 치매환자만을 대상으로 한다. 만약 그 외의 실종

성인은 개인적 권리와 법익을 떠올려 성인 실종상태는 공공의
안녕에 대한 위험임을 기억해야 한다. 만약 실종 성인에 대한
법률이 제정되면 '객관적 법질서'로 설명할 수 있게 될 것이다.

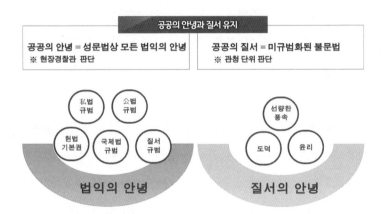

공공의 질서

공공의 질서는 법규범 외의 다른 사회규범, 즉 풍속, 도덕, 윤리의 문제다.

법에 딱 명시적으로 금지하거나 허가한 것이 아닌 경우가 문제된다. 여러분이 무엇에 대해 '이건 아니지 않나'하고 의문이 드는 문제들이다. 여러분 모두, 즉 국민 대다수가 그런 의문을 표시하면 법규범에 포섭되어 객관적 법질서가 된다. 하지만 여러분 사이에서도 서로 생각이 다를 수 있는 것들이 있다. 길거리 곳곳에 있는 성인용품점은 이미 그런 논란을 거쳤다. 2017년 어느 한 수입업체가 '리얼돌'(여성의 신체를 본뜬 실리콘 인형)의 수입 세관에 수입통관 허가 절차를 밟는다. 그런데 세관은 현행 관세법 제234조와 제237조가 '헌법질서를 문란하게 하거나 풍속을 해치는 물품'에 대해 수출·수입을 할 수 없도록 규정하고 있다는 것을 근거로 통관보류 처분을 한다. 여기서 인용된 것이 바로 공공의 질서다. 수출·수입 금지 물품을 헌법질서 문란과 풍속을 해친다는 이유로 공권력을 행사한 것이다. 무엇이 헌법질서이고 풍속인 것인지 불명확하다. 공공의 질서란 개념은 불명확하고 그래서 각각 다른 의견이 제시되는 개념이기도 하다.

　통관보류 처분을 취소하라는 업체의 행정소송에 1심은 "사람의 존엄성과 가치를 심각하게 훼손·왜곡했다고 평가할 수 있을 정도로 사람의 성적 부위 등을 적나라하게 묘사했다"며 세관의 손을, 2심에서는 "개인의 사적이고 은밀한 영역에 대한 국가의 개입은 최소화되어야 한다는 인식을 전제로 한 것"이라며 업체의 손을 들어주었다. 결국 2019년 대법원에서는 최종적으로 업체의 손을 들어주었다. 이것으로 끝난 것이 아니라, 이후 미성년 리얼돌 통관보류 처분에 대해서는 1, 2심 전부 업체의 손을 들어주었지만, 2021년 대법원은 아동에 대한 성범죄 우려 등의 이유로 파기환송하여 세관의 손을 들어주었다.

　여러분이 세관공무원이든 경찰관이든 공공의 질서에 대해서는 혼자 고민할 필요가 없다. 상급부서나 기관에서 공권력을 발동할 것인지에 대해서 결정을 해 주기 때문이다. 그 판단은 쉽지 않고 대법원조차도 구체적인 상황에 따라 달리 판단할 수밖에 없는 영역이기 때문이다. 그래서 이런 공공의 질서를 보호법익으로 할 필요가 있는가 하는 의문이 든다. 그리고 공공의 질서 중 상당수는 입법으로 해결했는데 그 개념을 남겨둘 이유가 없다는 의견이 제시되고 있다. 그러나 각종 개별법에 풍속을 해치는 행위, 음란행위 등으로 표현된 공공의 질서란 개념은 여전히 존재하는 것이 사실이고, 수많은 사회현상 중 입법을 위해 우선 담아두어야 할 그릇으로서의 가치는 여전히 남아있다고 할 수 있다.

안녕하세요?

여러분은 날마다 누군가에게 인사를 한다. 안녕하세요? 영미에서 Good Morning(좋은 아침), 유럽 쪽도 bon jour(좋은, 적당한 날), Guten Tag(좋은 아침) 등이다. 중국에서는 你好(너 괜찮지)라고 하고, 일본에서는 今日は(こんにちは: 오늘은) 등이다. 이 모든 인사를 우리말로 '안녕하세요'로 번역하지만 실제로 안녕(安寧: 아무 탈 없이 편안하다)이란 말과는 일치하지는 않는다. 우리 민족이 얼마나 탈도 많고 얼마나 걱정거리가 많았길래 인사가 '별고(別故: 특별한 사고) 없으신지', '무탈(無頉: 탈이 없음)하신지', '평안(平安: 무사히 잘 있음)하신지', '안녕하신지' 묻는 것이 인사가 될 정도였나 싶다.

어찌 되었든 조상님 덕분에 여러분은 국가가 법을 통해 지키고자 하는 '공공의 안녕'이란 말을 인사말처럼 쉽게 연상할 수 있게 되었다. 대한민국헌법 제10조는 "모든 국민은 인간으로서의 존엄과 가치를 가지며, 행복을 추구할 권리를 가진다. 국가는 개인이 가지는 불가침의 기본적 인권을 확인하고 이를 보장할 의무를 진다."라고 규정하고 있다는 이야기를 앞에서 하였다. 여러분이 인간으로서의 존엄과 가치를 가지며 행복을 추구할 수 있도록 국가가 보장한다는 것은 국가가 여러분에게 '안녕하세요?'라고 묻고 여러분이 안녕하다고 답할 수 있는 상태가 되도록 한다는 것이며, 그 상태가 바로 '공공의 안녕'이다. 국가는 공공의 안녕을 보장하기 위한 의무를 지고, 여러분은 안녕하기 위한 권리를 가진다. 그 권리를 보장하기 위해 지켜야 할 여러분의 의무도 있다.

앞으로 전개될 이야기를 좀 더 쉽게 이해하기 위해서는 '권리와 의무'에 대한 개념을 알아야 한다. 법학의 중심 개념으로서 권리란 '일정한 이익을 누릴 수 있도록 법이 인정하는 힘'이라고 하는 것이 다수설이다. 여러분이 어떤 물건을 팔면 그 상대방에게 대금을 받는 것이 법에 의해 인정되어 있다. 그러므로 상대방이 대금을 주지 않으면 법원에 소를 제기하여 그 판결을 근거로 상대방의 재산에서 강제적으로 그 대금을 회수할 수 있다. 바로 그 힘을 '권리'라고 한다. 여러분이 안녕하기 위해 법에서 인정한 여러분의 권리는 매우 많다. '권리 위에 잠자는 자는 보호받지 못한다'란 격언이 있다. 그 권리를 알고 잘 활용하는 것이 바로 법학 공부며 리걸 마인드 형성이다.

권리와 관련된 개념으로 '권한, 권원, 권능' 등이 있는데, 법학에서는 그 개념을 구별할 줄 알아야 한다. 권원과 권능은 주로 민법 등 사법(私法)에서 주로 쓰이는데, 권원(權原)은 어떤 권리의 원인이 되는 권리, 권능(權能)이란 어떤 권리가 있으면 따라다니는 권리 정도로 알고 넘어간다. 집에 대한 소유권이 있으면 처분권이나 수익권이 보장되는데 이럴 경우는 권능이 되고, 거꾸로 처분권과 수익권의 근거는 소유권이라고 설명하면 그 소유권이 권원이 되는 식이다. 경찰과 관련한 법 이야기에서는 '권한'이 중요한 개념이다.

권한이란 '타인을 위하여 일정한 법률효과를 발생시킬 수 있는 자격'이란 개념이다. 권리는 오롯이 자신을 위한 이익을 법에서 인정한 것인 데 반하여 권한은 자신이 아닌 타인을 위하여 어떠한 법률효과를 발생시킬 수 있는 자격의 의미이다. 헌법 제25조는 "모든 국민은 법률이 정하는 바에 의하여 공무담임권을 가진다."라고 규정함으로써, 법률이 정하는 공무담임권을 보장함과 동시에 법률이 정하지 않은 공무담임권의 침해를 배제한다. 이 경우 여러분은 공무담임권이란 권리를 가진 것이지만 공무원이 되어서 공무를 수행하는 것은 권리가 아니라 권한이다. 여러분의 공무수행은 타인인 국가를 위하여 일정한 법률효과를 발생시킬 수 있는 자격을 가진 것뿐이지 여러분 스스로 그렇게 할 권리를 가지는 것이 아니다.

여러분이 공무를 수행하여 일정한 법률효과를 발생시키는 것은 다양하다. 영업을 허가해주고, 특허를 내주고, 코로나 감염병 차단을 위해 집합금지를 시키고, 음주운전 단속을 하는 것 등이다. 그것이 권리인 양 함부로 휘두르는 탐관오리는 법치국가에서는 인정되지 않는다. 국가와 국민에게 봉사할 자격에 불과하다는 점을 명심하여야 한다. 민법 등에서는 '대리인' 자격으로 법률효과를 발생시키는 것을 권한이라고 생각하면 된다.

권리에 대치되는 개념은 '의무'다. 헌법 제38조는 국민의 납세의무를, 제39조는 국민의 국방의무를 규정하고 있다. 즉 국가는 국민에 대해 세금을 걷거나 국방에 복무하게 할 권리를 가진 것이고 할 수 있다. 그리고 헌법 제122조는 "국가는 국민 모두의 생산 및 생활의 기반이 되는 국토의 효율적이고 균형있는 이용·개발과 보전을 위하여 법률이 정하는 바에 의하여 그에 관한 필요한 제한과 의무를 과할 수 있다."고 규정하고 있다. 그 필요한 제한과 의무를 규정한 법률이 '국토의 계획 및 이용에 관한 법률(약칭: 국토계획법)'이다. 이 법률에 근거하여 국가는 '개발제한구역'을 지정할 권리가 있고, 여러분은 그것을 준수할 의무가 있는 것이다. 이렇듯 법률은 권리의무 관계를 규정한 것이라 생각해도 무리가 없다. 권리의무 관계는 종국적으로(결국에는) 강제될 수 있다.

돈을 빌려주었으면 약정한 이자를 포함한 원금을 돌려받을 힘을 법률에서 인정하여 돈을 돌려받을 권리가 있고, 돈을 빌린 사람은 그 돈을 반환할 의무가 있는 것이다. 그 의무를 이행하지 않으면 법원은 재판을 통해 강제로 돈을 돌려주게 한다. 법원은 자신을 위해 돈을 환수하는 것이 아니라 누군가를 위해 돈을 돌려주도록 하는 재판하는 자격이 있는데 이를 사법권한, 줄어서 사법권이라고 한다. 국회는 입법권, 행정부는 행정권을 가졌다고 할 때 이는 국가와 국민의 권리를 위하여 대신 어떤 법률효과를 발생시킬 수 있는 자격을 갖춘 기관, 즉 권한기관이란 뜻으로 읽으면 무난하다. ○○권이라고 할 때 그 권은 권리일 수도 있고, 권한일 수도 있다는 것이다. 여러분이 가지는 ○○권은 특히 대리권이라고 표현되지 않으면 권리를 말하는 것이고, 국가 자체가 아닌 그 기관들이 가진 ○○권은 권한을 말하는 것이다.

국가는 여러분을 안녕하게 할 의무가 있고, 여러분은 안녕할 권리가 있다. 여러분이 안녕하기 위해서 헌법상으로 여러분에게 납세와 국방의 의무를 지우는 것 외에 여러 법률을 통해 의무를 부과한다. 함부로 사람을 죽이지 않을 의무, 교통질서를 지킬 의무, 건물을 지을 때 사람이 다치거나 죽지 않도록 안전조치를 해야 할 의무, 감염병이 확산되지 않도록 해야 할 의무, 소란으로 다른 사람에게 피해를 주지 않을 의무, 그리고 구체적인 상황에서 국가를 대신하는 공무원의 명령에 따라야 할 의무 등이다. 그런 의무들은 입법권(한)을 가진 국회의 치열한 입법과정을 거쳐 법률로서 정해질 때 강제되는 의무들이 된다. 입법권에 의해 형법, 도로교통법, ○○안전법, 약칭 감염병예방법, 경범죄처벌법, 경찰관직무집행법 등 수많은 법률이 만들어진다.

그 법률을 위반하면 의무를 위반하는 것이 되고 그 의무를 이행시키기 위한 각종 수단들이 법률에 규정되어 있는데 이를 '의무이행 확보수단'이라고 한다. 어떤 것은 처벌로, 어떤 것은 금전적 제재, 그리고 여러 가지 형태의 압박 수단을 동원하여 의무를 이행하도록 하는데 이를 간접적 수단이라고 한다. 그런데 어떤 경우는 이러한 간접적 수단으로는 도저히 여러분의 안녕을 효과적으로 지킬 수 없는 경우 직접적인 강제를 하기도 한다. 대집행와 같은 물건에 대한 직접강제와 제지, 금지, 억류, 피난 등 사람에 대한 직접강제 등이 있다. 이행강제금을 부과하거나 강제 징수하는 경우도 있다.

'안녕하세요?'란 간단한 인사말에 이렇듯 복잡다양한 권리의무 등의 법률관계가 얽혀 있다. 여러분이 안녕하기 위한 권리는 여러분 스스로 알아야 한다.

안녕 경찰

여러분은 헌법 제34조에 의해 인간다운 생활을 할 권리를 가진다. 그 권리를 지켜주는 것은 국가다. 고대 그리스의 폴리테이아(πολιτεία), 로마의 폴리티아(politia)는 국가를 의미했는데, 즉 국가의 헌법과 이를 위한 행정활동 전체를 의미했다고 한다. 오늘날 경찰(police)의 어원이 바로 폴리테이아와 폴리티아였다. 여러분이 인간다운 생활을 할 수 있게, 즉 안녕하게 하는 것은 오래전부터의 경찰이었다. 시대에 따라 그 의미가 달라지면서 오늘날에 이르렀다.

중세 시대에서도 경찰은 '공동체의 질서 있는 상태를 유지하기 위한 모든 활동'의 의미로 쓰였는데, 이 역시 안녕을 위한 활동이라고 할 수 있다. 18세기 절대국가 시대를 거치면서 안녕을 위한 활동 중 국방, 외무, 재정, 그리고 사법 행정이 떨어져 나갔다. 경찰의 범위는 양적으로는 줄어들었지만, 질적으로는 복리행정까지 포함된 막강한 내무행정으로 어떠한 법적 제한도 받지 않는 존재가 되었다. 여기까지의 경찰은 명분은 국민의 안녕이었지만, 절대왕권에 의해 국민의 안녕이 침해되기도 하였다.

계몽주의 등 사람의 생각이 발전하면서 경찰에서 복리행정을 탈락시키고 경찰은 공공의 안녕과 질서를 유지하고, 국민을 불안하게 하는 위험을 방지하는 존재로 한정되었다. 그리고 국가의 개입을 꺼리는 자유주의적 법치국가에 이르러 소극적으로 공공의 안녕과 질서 유지만을 의미하게 되었다. 이렇듯 경찰의 의미는 시대가 발전함에 따라 변천되어왔고, 축소되는 추세이다.

여러분이 사는 시대는 자유주의와 사회주의가 조화를 이루는 사회적 법치국가다. 여러분이 헌법을 공부하게 되면 주로 복지나 노동, 환경에 관한 규정 등 다분히 사회주의적 이념이 섞여 있음을 알게 된다. 사회적 법치국가에서 경찰은 공공의 안녕 또는 질서에 대한 위험을 방지하는 작용이다. 이러한 직무 범위 안에서 범죄 수사에 대비하여 필요한 자료를 축적·관리하고, 범죄행위를 예방하며, 또 한편으로는 장래의 위험을 방지하기 위한 준비도 하는 것이 경찰이라고 생각하게 되었다. 오로지 여러분의 안녕을 위해 하는 작용이 경찰 작용이다. 정리하면 여러분의 안녕을 위해, 그 안녕을 침해하는 위험이 발생하면 그것을 강제해서라도 방지·제거하는 것이 경찰(작용)이라고 한다. 그러한 경찰 작용은 이제 국가의 각 기관에 뿔뿔이

흩어져 작용하고 있다고 볼 수 있다. 그 경찰 작용의 권한을 경찰권이라고 한다.

과거에는 경찰이 국가 자체를 통칭하는 것이었기에 오늘날에도 경찰은 국가 곳곳에서 다양한 분신으로 여러분 주위에 존재한다. 보통 경찰이 출동했다고 할 때 경찰은 제복 입은 경찰관을 의미한다. 제복 입은 경찰관들이 속해 있는 경찰청의 경찰을 우리는 '형식적 의미의 경찰'이라고 부른다. 국가 곳곳에서 다양한 분신으로 활동하는 경찰기관을 포함하면 '실질적 의미의 경찰'이라고 부른다. 이 이야기에서 말하는 경찰은 '실질적 의미의 경찰'을 뜻한다. 여러분의 눈에 확연히 보이는 것은 형식적 의미의 경찰이지만 실질적 의미의 경찰을 생각하면서 경찰 작용을 공부하여야 한다.

실질적 의미의 경찰은 '공공의 안녕 또는 질서에 대한 위험을 방지하기 위하여 일반통치권에 근거하여 국민에게 명령·강제함으로써 국민의 자연적 자유를 제한하는 작용'이라고 한다. 여러분의 안녕을 위해서 안녕을 해치는 요인들에게 강제력을 써서라도 안녕을 해치지 못하게 하는 작용이란 뜻이다. 강제력을 쓰지 않는 경우는 말로만 해서 안녕이 유지되는 경우인데, 이때 말이나 문서로 하는 것이 바로 법률적 용어로 '명령'이라

고 한다. 명령을 밖으로 표시한다는 의미로 하명(下命)이라고
도 한다.

일반통치권이란 말은 권력이 국가에 독점된 것이란 사상에
서 나온 말인데, 오늘날 모든 권력은 국민으로부터 나온다는
것이 보편화되었다. 그래서 국민의 뜻을 집약시킨 법률에 근거
하였다는 의미로 '법률유보의 원칙'으로 환언할 수 있다. 국민
의 자연적 자유를 제한한다는 것도 모든 국민의 자연적 자유를
무제한 제한하는 것이 아니라, 위험을 야기하는 요소에 대해
필요한 만큼 제한을 가하는 것이다. 이러한 사고는 앞으로 전
개될 경찰법 원칙과 원리 이해에 도움이 될 것이다.

한편 경찰의 각기 다른 면모에 따라 달리 부르기도 한다. 진
압경찰, 예방경찰, 사법경찰, 행정경찰 등인데 이는 과거와 현
재란 시제를 기준으로 나뉜다. 일어난 일을 진압하고 일어난
사건·사고를 수사하는, 즉 과거에 일어난 일을 취급하는 경찰
을 진압경찰과 사법경찰이라고 한다. 그리고 현재 일어나는
일, 즉 위험과 장해에 대처하는 경찰을 예방경찰과 행정경찰이
라고 한다. 과거를 취급하는 경찰은 형법, 형사소송법 등 형사
법적 법규와 원리가 지배하고, 현재에 대처하는 경찰은 경찰관
직무집행법과 각종 특별행정법 등 경찰행정법적 법규와 원리가

지배한다. 형식적 의미의 경찰은 국가경찰이든 자치경찰이든 이러한 구분에 의해 작용한다. 범죄에 대응하는 경찰이 사법경찰이고, 위험에 대응하는 경찰이 행정경찰이라고 할 수 있다.

그런데 현행 경찰조직법상으로는 사법경찰, 행정경찰로 구분되어 있지 않다. 사법경찰, 행정경찰은 대륙법계 국가는 그 재판의 관할이 사법법원과 행정법원으로 엄격히 나누어져 있어 그 구분이 필요했을지 모르나 영미법계 국가는 원래 구분하지 않았다. 그리고 경찰의 활동이 위험 방지·제거, 범죄의 예방, 범죄의 진압 등이 단절되어 있는 것이 아니라 연속되어 있고 밀접하게 관련되어 있다. 그러므로 경찰기관들은 법이 정한 바에 따라 수사권을 가지게 되고 동시에 위험을 방지·제거하는 경찰권을 가지고 있다. 사안에 따라 동일 기관이 형사법적 법규와 원리 또는 경찰행정법적 법규와 원리에 따라 달리 작동한다고 할 수 있다. 그래서 우선 형사법 법규와 원리에 대해 알아보는 것이 좋겠다. 형법, 형사소송법 등을 공부하게 되는데, 이 이야기의 목적이 본격적인 공부가 아니라 공부를 할 수 있는 대충의 얼개를 이해하고, 쉽게 법학에 도전해 볼 수 있는 계기를 만드는 것임을 잊지 말아야겠다. 이 이야기가 그 선을 넘으면 여러분은 이 책을 덮게 될지도 모르기 때문이다.

반복되고 유형화된 위험, 범죄

여러분의 상상이 필요하다. 원시시대이든 중세시대이든 아니면 현대의 어느 시점이든 여러분은 새로운 땅을 개척하여 여러분들만의 공동체를 건설하고 있다. 그것을 부족, 도시, 국가 등 뭐라고 호칭해도 상관이 없다. 다른 공동체가 여러분의 공동체를 침략하면 힘을 합해 막으면 된다. 그런데 여러분 공동체 내에서 발생하는 불안, 즉 위험에 대해서는 어떻게 대처할 것인가를 생각해 본다.

여러분 간의 상호 합의와 약속을 바탕으로 살 곳과 먹을 것을 나누어 가졌는데, 누군가가 그것을 훔치거나 빼앗는 일이 자꾸 발생한다. 어떤 경우는 속이고 가져가는 경우가 있고, 또 어떤 경우는 서로 갈등과 반목이 고조되어 사람을 죽이는 경우도 발생한다. 물론 그런 일이 일어나는 주변에 여러분이 있었다면 말리거나 방지하려고 할 것이다. 그러나 여러분은 각자의 일이 있어, 전지전능한 능력으로 한순간도 놓치지 않고 지켜보며 말리거나 방지할 수 없다.

아마 여러분은 이러한 불안을 없애기 위해 공동체 안의 전체 사람이 따르도록 하는 법을 만들 것이다. 그래야 공동체 안에 질서가 안정되고 여러분들이 보호받을 수 있기 때문이다. 물에 빠트려 죽이고, 목 졸라 죽이는 등 사람을 죽이는 방법은 여러 가지이고 반복되지만, '사람을 죽인다'는 유형으로 압축할 수 있다. 그래서 '사람을 살해한 자'라는 구성요건이 만들어진다. 형법 제250조 제1항은 "사람을 살해한 자는 사형, 무기 또는 5년 이상의 징역에 처한다."라고 규정하여 살인죄란 것이 만들어졌다. 훔치는 행위를 절도죄로, 빼앗는 행위는 강도죄로, 속여서 가져가는 행위는 사기죄로 구성요건을 만드는 것이다.

절도죄의 구성요건을 살펴보면 "타인의 재물을 절취한 자"이다. 짧은 구성요건이지만 '타인'은 누구를 말하는지, 그리고 '재물'은 어떤 것을 말하는지, 그리고 '절취'는 어떻게 하는지 모호하다. 여러분의 가족이 여러분의 재물을 가져간 경우는 구성요건에 해당하는지 그 답을 생각해 보길 바란다. 여러분 중 두 사람이 함께 소유하는 재물을 어느 한 사람이 몰래 가져가는 것이 타인의 재물이 되는지도 그 답을 생각해 보길 바란다. 또 재물이라고 하면 형태가 있거나 재산적 가치가 있는 물건만 말하는지, 아니면 전기 같이 무형의 것도 재물이 되는지 고민해 보길 바란다. 또한 여러분 이웃에 있는 열 살짜리 어린애가 여러분의 재물을 절취한 경우 그 어린이를 6년 이하의 징역 또는 1천만원 이하의 벌금에 처하는 것이 합당한가도 고민해 보길 바란다. 법학뿐만 아니라 모든 학문은 여러분 스스로 질문을 만들고 그 답을 먼저 고민해 볼 때 쉽고 재미있게 배울 수 있다.

여러분의 공동체에서 불안을 야기하는 행위를 처벌함으로써 위험을 감소시키고자 한다면 여러분은 그 행위를 범죄로 규정해야 한다는 것을 앞에서 들었다. 사람을 살해한 자는 살인범이다. ① 그런데 경찰관이 인질을 죽이려는 범인을 제압하는 과정에서 사람을 살해한 경우도 살인범일까? ② 여러분이 차를 후진하다가 숨바꼭질을 하던 어린이가 바퀴 뒤에 숨어있는 것을 모르고 치여 죽였다면 살인범일까? ③ 여러분 중 몽유병을 앓는 사람이 무의식적으로 한 행위로 사람이 죽었다면 살인범일까? 사람을 살해했다고 무조건 살인죄가 된다고 하기엔 생각할 것들이 너무 많다. 생각할 것이 너무 많을 땐 비슷한 것은 비슷한 것끼리, 다른 것은 다른 것끼리 정리하고, 순서도를 그리듯 체계를 세운다.

범죄가 되기 위해서는 일단 구성요건에 해당하지만 위법성이 조각(부정)되지 않아야 한다. 이를 불법이라고 하고 이 불법에 책임이 있어야 비로소 범죄가 된다. 상상으로 공동체를 만든 여러분으로서는 이러한 체계적 논리 전개가 어려울 수 있다. 인류는 이러한 고민을 고대부터 해왔고, 르네상스를 거치면서 계몽된 지식과 지혜로 고민을 해결하는 방법을 발전시켜왔다. 그래서 이러한 체계적 논리를 세울 수 있었는데, 범죄에 관한 체계적 논리를 서술한 것이 형법총론이다. 여러분이 공동체를 만들고 그 공동체가 안녕하기 위한 방법으로 어떤 행위를 범죄로 규정하여 처벌하는 방안을 생각한다면 형법총론을 공부해야 한다. 형법총론은 앞서 꺼낸 의문들을 체계적으로 풀어준다.

사람을 살해한 자는 살인죄로 처벌된다는 것에 한정하여 든 의문을 형법총론이 풀어주는 것을 본다. ①의 경우는 위법성조각사유에 해당하여, 즉 위법성이 부정되어 범죄가 되지 않는 경우다. 사람을 살해한 자의 구성요건에 해당하지만 위법성이 부정되어 불법이 되지 않는다. 범죄는 불법이고 책임이 있어야 한다는 명제에 부합하지 않게 되어 범죄가 성립하지 않는다는 논리 전개가 된다. 위법성조각사유는 형법 20조부터 24조까지 정당행위, 정당방위, 긴급피난, 자구행위, 피해자의 승낙이 규정되어 있다. 경찰관의 살해행위는 법령에 의한 행위(정당행위)

로 위법성이 부정되는 것이다. 위법성에 대해서는 다음 장에서 이어서 이야기하기로 한다.

②의 경우는 형법 제13조의 '고의'의 문제다. 죄의 성립요소인 사실을 인식하지 못한 행위는 고의가 없는 행위로 범죄가 성립하지 않는다. 고의는 자기의 행위로 인해 사람이 죽을 수도 있다는 위험을 인식하고서도 죽는 것을 의욕하고 차를 후진시켜야 한다. 이를 개념으로 도식화하면 불법 실현의 위험상황(사람이 죽는다), 위험상황의 인식(차를 후진시키는 행위가 사람을 죽일 수 있다), 위험실현의 의욕(죽더라도 차를 후진시키겠다)이라는 세 단계의 구조를 가진다. ②의 경우를 세 단계에 대입해보면 전혀 일치하지 않는다. 그러므로 살인죄란 범죄는 성립되지 않는다. 하지만 조금의 주의만 기울였으면, 즉 운전을 시작하기 전에 차 주변을 살폈다면 어린이의 죽음은 피할 수 있었을 것이다. 형법 제14조는 이러한 경우를 '과실'의 문제로 전환하여 "정상적으로 기울여야 할 주의(注意)를 게을리하여 죄의 성립요소인 사실을 인식하지 못한 행위는 법률에 특별한 규정이 있는 경우에만 처벌한다."라고 규정하고 있다. 사람이 죽는 경우에 살인죄 외에 제267조에 "과실로 인하여 사람을 사망에 이르게 한 자는 2년 이하의 금고 또는 700만원 이하의 벌금에

처한다."라고 규정한 과실치사죄가 있다. 숨바꼭질한다고 바퀴 뒤에 숨어있는 어린이를 발견하지 못한 것이 '정상적으로 기울여야 할 주의를 게을리한 것인가'라는 의문을 가질 수 있다. 그래서 수사와 재판에 이르는 과정에 갑론을박이 있는 것이다. 이러한 판단을 적합하게 하고 자신에게 유리하게 주장할 수 있는 이론들이 형법총론에 체계적으로 제시되어 있다. 고의의 판단 문제는 구성요건에서 시작되었지만 위법성, 책임의 영역까지 포함한다는 것을 염두에 두어야 한다. 체계적으로 단계를 나누어 두었지만 그 단계들이 서로 작용하고 이산집합한다는 것을 염두에 두면서 형법총론을 공부해야 한다.

③의 사례는 불법과 책임이 전제되어야 범죄가 된다는 논리에서 '책임'에 관한 문제이다. 불법을 저질렀는데 그 불법에 대한 책임을 물을 수 있는 상태인가를 따지는 것이다. 자기 자신도 어쩔 수 없는 상태에서 저지른 불법이 있을 수가 있는지 잠시 고민해 보기 바란다. 어떤 사람이 여러분이 사랑하는 가족을 죽이겠다고 협박하면서 다른 사람 수중에 있는 비밀서류를 훔치거나 뺏어오라고 하면 여러분은 어떻게 하겠는가? 형법 제12조는 이러한 여러분의 불법행위를 '강요된 행위'라고 하고 "저항할 수 없는 폭력이나 자기 또는 친족의 생명, 신체에 대

한 위해를 방어할 방법이 없는 협박에 의하여 강요된 행위는 벌하지 아니한다."라고 하여 범죄의 성립을 부정한다. 형법 제10조는 "심신장애로 인하여 사물을 변별할 능력이 없거나 의사를 결정할 능력이 없는 자의 행위는 벌하지 아니한다."라고 규정하고 있다. 형법의 조문상으로는 간단하게 보이지만, 책임과 관련된 논의는 형법총론에서 책임이론으로 적잖은 비중으로 논의되고 있다. 이 역시 장을 바꾸어 이야기를 이어 나가고자 한다.

행위와 범죄

여러분은 여러분이 하는 행위를 일일이 생각해 본 적이 있는 가? 아무것도 하지 않는 것도 행위라고 생각해 본 적이 있는 가? 아무것도 하지 않았는데 범죄가 될 수 있다고 생각하는가? 그 이전에 행위란 도대체 무엇인가 생각해 본 적이 있는가? 범 죄는 국회에서 제정한 형법의 구성요건에 해당하고, 위법하며, 책임을 지는 행위다. 그래서 형법총론을 공부하려면 제일 먼저 행위가 무엇인지 알아야 한다. 이러한 물음에 대해 여러분은 잠시 고민하겠지만 인류는 아주 오랫동안 고민을 해 왔다.

여러분이 잠을 자면서 심한 몸부림을 치다가 투숙한 호텔의 집기를 파괴하였다. 태풍 속에 있다가 바람에 날려 옆 사람을 밀치게 되었고 그 옆 사람은 그 바람에 물에 빠져 죽었다. 주 전자를 건네받다가 그 뜨거움에 깜짝 놀라 주전자를 놓치게 되 고 그 바람에 앞사람의 발등이 심각한 화상을 입었다. 이런 경 우를 행위로 판단하여 처벌을 할 수 있는가를 인류는 고민해 왔다. 이런 경우는 인간의 행위라 할 수 없는 '우연'의 영역으 로 행위에서 제외하였다. 그리고 범죄에는 고의범, 과실범, 부작위범 등 많은 유형이 있는데, 그 유형 모두를 설명할 수 있는 '행위'의 개념이 필요하게 되었다. 또한 행위는 구성요건 해당성, 위법성, 책임을 다 설명할 수 있어야 한다. 그래서 형법총론에서는 행위론이 전개된다.

행위와 우연을 구별하려면 사람의 생각, 의도, 의사가 있어야 행위라고 해야 할 것이다. 그리고 무슨 일이 생겨야 할 것이다. 아무 일도 없는데 범죄를 따질 이유가 없고 범죄를 따질 일이 없는데 행위에 대해서 고민할 필요가 없기 때문이다. 무슨 일이 생기려면 사람의 행동이 있어야 할 것이다. 이렇게 행위론은 '인과적 행위론'으로 시작하였다. 그리고 나아가 인간은 목표를 설정하고 수단을 선택하며 일어날 수 있는 일을 예견하여 실행에 옮기는 것을 행위로 해야 한다는 '목적적 행위론'이 새로 제기된다. 그런데 인간은 사회적 동물이기 때문에 '사회' 안에서 그 행위를 고민해봐야 하지 않을까 해서 '사회적 행위론'을 생각하는 학자들이 있었다. 거기다 행위는 사람의 인격을 표현하는 것이 아니냐는 '인격적 행위론'까지 이르게 되었다.

여러분은 형법총론을 공부하면서 앞 단락의 각 행위론에 대한 비판을 할 수 있어야 한다. 인과적 행위론에서 행동이 필요하다고 했는데, 행동이 없는 부작위범은 설명하지 못한다. 목적적 행위론은 목적도 없는 과실범은 설명하지 못한다. 사회적 행위론과 인격적 행위론은 추상적이지만 오늘날 많이 문제되는 부작위범과 과실범의 행위를 설명하는 데에는 유용하고, 현대 사회의 문제점을 되짚어 보는 데 의의를 가진다.

  행위론이 실제로 여러분의 머리를 괴롭힐 일은 없다. 형법의 역사를 읽는다는 기분으로 공부하면 된다. 행위론의 도움을 받아 범죄체계론이 발전하는데 여러분의 리걸 마인드를 위해서는 범죄체계론을 심도있게 공부하여야 한다. 범죄는 불법과 책임으로 성립되고, 불법은 행위가 있고 그 행위가 구성요건에 해당하며 위법성조각사유가 없어야 한다는 것이 범죄체계다. 인과적 행위론이 설명하는 방법은 '한 개인의 의사 활동에 따라 신체적 활동을 하여 뭔가 변화를 일으키는 것'이라고 하고, 외부적이고 객관적인 것을 불법에, 그리고 내면적·주관적인 것을 책임에 결부시킨다. 여기서는 고의·과실이 책임이 된다. 그런데 목적적 범죄체계와 합일태적 범죄체계를 거치면서 복잡한 양상을 띠게 된다. 여기서는 고의가 책임이 아닌 불법의 영역으로, 더 구체적으로는 구성요건에 편입된다. 고의 중 불법의식이란 것이 책임으로 남기도 한다. 이러한 복잡한 양상이 전개되는 것은 진리가 없기 때문이다. 모든 현상을 완벽하게 설명해 낼 이론이 없기 때문에 인류는 계속 고민하여 왔고, 앞으로도 계속 고민해 나갈 것이다. 이러한 고민을 여러분이 이해하고 나아가 조금이나마 판단을 도울 수 있게 하는 것이 행위론과 범죄체계론의 목적이다,

행위론과 범죄체계론에 의해서 현 형사법들이 만들어졌고, 학설과 판례가 만들어졌다. 그러므로 실무에서는 그렇게 복잡하게 떠올릴 일은 없으나, 수험단계에서는 행위론과 범죄체계론, 그리고 세부적으로 들어가는 구성요건 해당성, 위법성, 책임과 함께 다양한 문제로 출제된다. 구성요건 해당성에 인과관계, 고의·과실, 기대가능성, 그리고 위법성에 있어 정당화 사유, 책임에 있어 또 고의·과실, 불법의식, 책임능력, 면책사유, 기대가능성의 문제들을 다루는 것이 행위론과 범죄체계론이다. 그 상세한 내용은 여러분이 공부하고 정리해야 한다. 글쓴이의 이야기는 왜 그런 복잡 다양한 논의가 전개된 이유와 배경에 대한 이해를 도울 뿐이다.

여기서 잠깐, 혼돈의 기원

글쓴이는 지금쯤 지쳐가고 갈수록 아리송해지는 여러분의 생각과 마음이 느껴진다. 범죄, 행위, 불법과 책임, 고의·과실, 구성요건 해당성, 위법성, 책임능력, 인과적·목적적·사회적·인격적, 기대가능성, 인과관계, 부작위범… 읽을 수는 있는데 머리에 명확하게 떠오르는 것이 없다. 글쓴이도 법학을 처음 접하면서 느꼈던 좌절감과 혼돈이었다. 그런데 기만히 생각을 해보면 우리가 일상에서 쓰고 있는 말들도 그 의미를 깊이 생각하면 명확하게 알고 쓰는 것이 아니란 것을 깨달을 수 있다.

사랑, 행복, 정의, 공정, 평등, 자유, 재미, 증오, 호감, 진리, 과학, 명예… 등을 명확하게 알고 쓰지는 않는다. 그럼에도 불구하고 이런 말 등은 우리의 이익이나 형벌에 직접적으로 관여되지 않는 것들이 대부분이어서 서로 다른 의미로 쓰더라도 크게 문제되지 않는다. 하지만 법은 냉혹하다. 법을 적용하면 크게 이익을 보거나 손해를 본다. 그리고 사형, 징역 등 무시무시한 처벌을 받을 수도 있고, 무죄가 될 수 있다. 그러한 이유로 법적 용어에 대해서는 신경이 곤두선다. 그래서 법적 용어에 대해서는 민감해지고 그런 만큼 어렵게 느껴진다.

일상용어와 법적 용어는 그것이 관념적인 것이 대부분이란 점에서 비슷하다. 관념이란 이미 존재하는 실체가 아니라 생각으로 만들어진 것이다. 심하게 이야기하면 생각으로 만들어진 것은 허구다. 허구를 만들어내는 사람을 작가라고 한다. 작가라고 하면 소설가나 수필가를 언뜻 떠올리지만 학자도 작가일 수 있고, 어쩌면 인류 모두가 작가일 수 있다.

일상용어도 그 의미는 각자가 만들어내는 것이다. 서로 불편한 관계가 되었을 때, 사랑을 두고도 엄청난 생각의 차이가 있는 것을 경험한 적이 있을 것이다. 그 의미가 중요하지 않을 때 우리의 용어들은 서로 충돌하지 않지만, 그 의미가 중요해지면 전혀 다른 의미의 격차가 생긴다. 관념이기 때문이다. 흙, 돌, 물과 같은 실체가 아니기 때문이다. 그런데 우리는 이런 관념으로 인해 문명을 꽃피우고 오늘날의 모습이 된 것이다.

우리가 알고 있는 농업혁명, 산업혁명 전에 '인지혁명'이란 것이 있었다. 유발 하라리는 「사피엔스」에서 지금 현생 인류인 호모사피엔스가 다른 인류의 더딘 진화와 멸종에 비해 빠른 진화와 문명을 이루게 된 것이 바로 인지혁명 덕분이라고 한다.

동물이나 곤충도 십수 마리의 집단을 거느리고 소통을 할 수 있다고 한다. 동물은 늑대가 나타나면 "늑대가 나타났다"라고 실체에 대해서만 소통할 수 있는데, 인류는 나타나지도 않는 늑대를 두고 "늑대가 나타날지도 모른다"라는 소통을 할 수 있게 되었다는 것이다.

간단히 말해 '허구(상상물)'를 만들어 낼 수 있는 능력이 생긴 것이 인지혁명이라는 것이다. 흙, 돌, 물, 늑대 등의 실체뿐만 아니라 자신이 상상하거나 만들어내고 싶은 것들을 관념화하여 소통에 이용할 수 있게 된 것이다.

"늑대가 나타날지도 모른다"라는 소통은 주변 사람들에게 경각심을 불러일으키고 그 위험을 회피할 수 있는 대책을 세우게 한다. 늑대보다 더 큰 위협을 만들어내면 사람들은 더 많이 모여 그 대책을 세울 수밖에 없다. 사람들이 감당하기도 어렵고 설명해 내기도 어려운 문제에 부닥치면 그것을 뭉뚱그려 해결할 관념도 만들었다. 사람들에 의해 창조된 신화는 이런 역할에 최적이었다.

북유럽의 사람들은 그들이 최고 신인 오딘의 후예들이라고 믿으면서 민족공동체를 이루고, 천둥 번개가 토르의 망치질이라고 생각하면서 자연을 이해하려고 했다. 곰과 호랑이, 쑥과 마늘의 신화를 통해 우리 역시 배달의 민족이라는 일체감을 가진다. 고대 북유럽의 오딘 신화를 믿는 사람들은 '전쟁터에서 죽은 전사는 영원히 행복하게 신과 어울릴 수 있는 곳', 즉 '발할라'를 믿었기에 죽음도 불사하는 용맹한 바이킹의 위세를 떨칠 수 있었다. '발할라'는 어쩌면 통치자를 위해 물불 가리지 않고 싸워줄 전사가 필요했기 때문에 만들어진 관념일 수 있다.

허구의 관념이지만 그런 허구의 관념으로 인해 인류 문명은 발전해왔다. 민족뿐만 아니라 국가도 필요에 의해 만들어진 것이다. 권력자의 필요가 아니라 그 권력에 복종하고자 하는 사람들의 필요, 즉 위험을 회피하고 안녕을 도모하기 위해 만들어진 것이다. 돈(화폐)도 각종 제도도, 그리고 법률도, 심지어 말(용어)들도 필요에 의해 만들어진 관념에 불과하지만, 우리는 그것을 실체라고 착각하면서 사는 것이다.

말(용어)은 만들어진 허구이기 때문에, 실체가 있는 것이 아니기에 관념 속에서만 존재한다. 그래서 그 의미는 사람들 각자의 의미로 존재하는 것이다. 그 각자의 말로 소통하는 것은 어렵기 때문에 말에 대한 공통의 약속을 정한다. 그것이 사전이다. 법학 이외의 전문 영역에도 '이 영역에서 이 말은 이런 뜻이고 이렇게 쓰자'라고 약속한 말들이 있다. 태초부터 있던 존재가 아닌 것들은 모두 인간의 필요에 의해 만들어진 것이다. 여러분도 살아오면서 여러분의 필요에 의해 익혀 온 말(용어)들이 있다. 허구의 관념이기에 눈에 보이고 느낄 수 있는 것들이 아니므로 어려운 것은 당연하다. 하지만 여러분이 간절히 필요하다고 생각한 법학 공부라면 익혀야 한다. 그 말(용어)이 만들어진 이유와 배경을 알면, 조금은 쉬워질 것이고, 이 경찰법 이야기의 목적이다.

범죄의 구성요건

자세히 보아야 예쁘다. 오래 보아야 사랑스럽다. 너도 그렇다(나태주, 풀꽃 1).

범죄의 구성요건. 여러분이 이 이야기를 지금까지 찬찬히 들어왔다면 구성요건이란 말이 왠지 낯설지 않다는 것이 느껴질 것이다. 이렇게 법학의 개념들은 자세히 오래 보다 보면 비에 젖듯이 여러분의 인식 속으로 스며들 것이다.

범죄의 구성요건은 피하고 싶은 위험이 반복된 유형으로 피해를 주므로 그것을 정형화하여 범죄로 규정하고 처벌하기 위해 만들어진 것이다. 그래서 그 구성요건에는 불법 유형들을 분석하여 기술하되, 가능하면 단순하게 만들어 사회공동체 약속으로 인식시키려 한 노력이 들어가 있다. 죽인다, 훔친다, 속여서 가져간다, 방해한다 등이 불법 유형들이다. 이런 불법 유형의 각종 세부적인 요소들을 포함하되, 간략하게 표현하고자 하다 보니 추상적인 언어가 될 수밖에 없다. 그 모든 것을 아주 구체적으로 표현하면 그 양이 어마어마할 것이고, 사회공동체의 약속으로 인지하기엔 벅찰 것이다. 그래서 구성요건은 간략하다. '사람을 살해한 자'가 살인죄의 구성요건이다. 구성요건은 객체, 행위의 내용(어려운 말로 양태라고 쓴다), 주체의 형식으로 기술된다. '사람을'이 객체이고, '살해'가 행위의 내용이며, '~한 자'가 주체이다.

타인의 재물을 절취한 자(절도죄), 사람을 기망하여(속여서) 재물의 교부를 받거나 재산상의 이익을 취득한 자(사기죄)와 같은 형식이 일반적이다. 사기죄에 있어 객체는 '재물이나 재산상 이익'이고, 행위의 내용은 '기망하여 교부 받거나 취득한'이다. 또한 횡령죄 같은 경우는 '타인의 재물을 보관하는 자(주체)가 그 재물(객체)을 횡령하거나 그 반환을 거부한(행위의 내용) 때'라고 기술하기도 한다. 분명한 것은 구성요건은 주체, 객체, 행위의 내용으로 구성되어 있다는 것이다. 형법총론은 그 구성요건을 인식하고 해석할 수 있도록 도와주는 역할을 한다. 간단해 보이지만 그렇지는 않다. 주체만 두고 이야기해보면, 주체는 사람일 수밖에 없다. 그런데 사람 중에 범죄능력이 있어야 한다. 유아는 범죄능력 중 행위능력이 없어서, 14세 미만의 아동은 행위능력은 있으나 책임능력이 없어서 주체가 될 수 없다. 법인(예를 들면 회사)이란 것이 있는데, 이는 사람이 아닌 단체에 사람처럼 법인격을 부여한 경우다. 이런 경우 그 단체를 처벌해야 할 것인지, 아니면 그 단체의 대표를 처벌해야 할 것인지가 문제된다. 현행법상 법인은 범죄능력이 없지만, 양벌규정에 의해 벌금형으로 처벌되기도 한다. 구성요건을 판단하는 것이 그렇게 간단하지만은 않다는 의미로 하는 이야기다.

행위의 내용에 있어서는 그 행위에 대한 고의, 과실, 인과관계, 결과적 가중범, 부작위범 등의 문제가 얽혀있다. 형법 제13조는 "죄의 성립요소인 사실을 인식하지 못한 행위는 벌하지 아니한다. 다만, 법률에 특별한 규정이 있는 경우에는 예외로 한다."라고 규정하여 범죄가 성립하기 위해서는 고의가 있어야 함을 명시적으로 밝히고 있다. 예를 들면 살인죄에서 사람을 죽인다는 사실을 인식해야 한다는 말이다. 그런데 행위자의 인식과 실현된 사실 사이의 불일치가 생기는 경우가 있다. 간단히 누굴 죽이려고 총을 쏘았는데 그 옆에 있는 사람이 맞아 죽은 경우(방법의 착오), 누굴 죽였는데 알고 보니 다른 사람인 경우(객체의 착오) 등이다. 방법의 착오, 객체의 착오, 그리고 같은 법익 내 착오인 구체적 착오, 이종 법익 내 착오인 추상적 착오가 추상적·법정적·구체적 부합설 등에 따라 상상적 경합

(1개의 행위가 수 개의 죄에 해당하는 경우), 미수(실패), 기수(성공)가 결정된다. 이러한 의문을 주로 표로 정리한 것이 '사실의 착오'란 영역인데 '착오'하기 쉬운 영역이라 시험문제로 자주 출제되니 꼼꼼히 익혀 두어야 한다.

그리고 인식은 했으나 의욕(의지)까지 했느냐의 문제도 중요한 대목이다. 예를 들면 사람을 찌르는 사실은 인식하고 있었으나 죽이려고 의욕을 했느냐는 문제다. 형법 제15조는 '고의'에 대한 규정인데 제1항은 "특별히 무거운 죄가 되는 사실을 인식하지 못한 행위는 무거운 죄로 벌하지 아니한다."라고 하여 '사실의 착오'를 다루었다. 그리고 의욕과 관련해서는 제2항에서 "결과 때문에 형이 무거워지는 죄의 경우에 그 결과의 발생을 예견할 수 없었을 때에는 무거운 죄로 벌하지 아니한다."라고 규정하고 있다. 이 제2항의 결과적 가중범은 ～치사죄(죽일 마음은 없었으나 사망에 이르게 한 죄), ～치상죄(상해를 입힐 마음은 없었으나 상해에 이르게 한 죄) 등으로 기술된다. 강도나 강간만 하려고 했는데 상해나 사망의 결과가 발생한 경우, 그리고 누굴 죽이려고 집에 방화를 했는데 다른 사람도 죽은 경우도 결과적 가중범인데, 결과적 가중범은 진정·부진정 결과적 가중범으로 구별하기도 한다. 더 심한 결과가 과실이냐,

고의냐에 따른 구분이다. 진압을 위해 건물에 진입한 경찰에게 화염병을 던져 사망자가 발생했다면 살인의 고의가 있기 때문에 특수공무집행방해죄와 살인죄를 생각해 볼 수 있는데, 특수공무집행방해치사상죄가 별도로 있어 이를 어떻게 해결할까 하는 고민에서 부진정 결과적 가중범의 개념이 만들어졌다. 이 부분 역시 수험과 실무상 자주 접하는 문제이므로 잘 익혀 두어야 한다.

이러한 고의와 더불어 과실의 문제는 구성요건 해당성뿐만 아니라, 책임과 관련이 되어 있어 주의 깊게 공부해 두어야 한다. 고의가 없으면 처벌하지 않는 것이 원칙이지만, 법으로 특별히 고의가 없는 과실의 경우에도 처벌하는 규정을 두고 있다. 과실은 일상 용어상 '실수' 정도로 알고 있으면 되는데 그 규정은 다음과 같다. 형법 제14조 "정상적으로 기울여야 할 주의(注意)를 게을리하여 죄의 성립요소인 사실을 인식하지 못한 행위는 법률에 특별한 규정이 있는 경우에만 처벌한다." 형법 제366조는 "타인의 재물, 문서 또는 전자기록등 특수매체기록을 손괴 또는 은닉 기타 방법으로 그 효용을 해한 자는 3년 이하의 징역 또는 700만원 이하의 벌금에 처한다."고 하여 손괴죄를 인정하고 있다. 그러나 과실손괴죄는 규정하고 있지 않아

실수로 남의 재물 등의 효용을 해한 경우는 처벌하지 않는다. 그러나 실수로 불이 나게 했을 때는 실화죄로 처벌된다.

고의와 과실에는 애매한 영역이 중첩되어 있다. 소위 '미필적 고의'와 '인식 있는 과실'의 문제다. 고의에서 인식과 의욕(의지)이 필요하다고 했다. 그런데 의욕(의지)에 있어 의욕은 하지 않았으나, 일이 발생한 것에 대해 용인 또는 감수, 무관심하거나, '그럴 수도 있을 것이다'라는 걸 예견했거나 인식했다면 미필적 고의가 있다고 하여 처벌하는 경우가 있다. 형법 제14조는 인식 없는 과실만을 상정하고 만든 규정이지만, 인식 있는 과실의 경우도 포함한다고 해석하는 게 보통이다. 여기서 인식대상은 구성요건의 실현 가능성인데, '그럴 수도 있을 것이다'라고 예견했어도 고의범이 아닌 과실범이 되는 경우가 있다는 것이다. 미필적 고의는 의욕(의지)의 영역에서 벌어지는 것이고, 인식 있는 과실은 인식의 영역에서 벌어진다는 정도로 알아두면 된다. 사냥을 하면서 사람이 다닐 수도 있겠다고 생각하면서도 사냥감을 향해 총을 발사한 경우가 인식 있는 과실의 사례다. 도주를 방지하기 위해 총기를 발사하였지만, 급소를 맞아 사망할 수도 있다는 것을 감수(용인)하였다면 미필적 고의로 살인죄가 된다.

이 둘의 미묘한 차이를 분명히 알고 넘어가야 한다. 과실범은 업무상과실범과 중과실범이 따로 있다. 업무상과실은 주의의무가 중할 때, 그리고 중과실은 약간의 주의만 기울였으면 발생하지 않을 일에 대해서 규정한다. 형법 제362조는 장물(범죄에 의해 획득한 재물)죄에 대해서 일반 과실장물죄는 규정하지 않으나 금은방을 운영하거나, 조금의 주의만 기울이면 장물인 것을 알 수 있는 상태에서 장물을 취득, 양도, 운반 또는 보관하면 업무상 또는 중과실죄로 처벌한다. 과실과 관련하여 '허용된 위험'과 '신뢰원칙'이 있는데, 전문 서적에서 읽어보면 그 이해가 어렵지 않다.

우연과 필연, 인과관계

여러분이 겪었던 일 중에 우연이라고 생각한 일이 있을 것이다. 그런데 과연 우연이었을까? 우연은 아무런 인과관계가 없이 뜻하지 아니하게 일어난 일이다. 여러분은 전지전능하지 않아 태어나기도 전의 인과관계, 그리고 일이 발생하기 전 개입된 인과관계를 모두 알지 못하기 때문에 '우연'이라고 표현하는 건 아닐까? 글쓴이는 이렇게 생각한다. 원인이 없이 결과만 있는 일은 이 세상에 없다고 생각한다. 원인이 뭘까하고 집요하게 파고든 결과가 현대 과학이다. 하지만 현대 과학에서도 원인을 알 수 없는 경우가 있는데 이는 원인을 밝힐 지식이 부족하기 때문이라고 생각한다. 그럼 일어나는 일이 모두 필연인데, 인간의 의지는 어떤 역할도 하지 못한다는 말이냐는 의문이 생긴다. 이러한 의문은 아주 오래전부터 있었었다. 그래서 철학에서는 결정론(필연)과 비결정론(의지 개입 가능)이 있고, 종교는 신이 결정해준다는 것을 믿는 결정론의 일부라고 생각한다. 이런 의문과 고민은 어떤 것을 선택하든 개인의 자유이자 즐거움에 지나지 않는다. 하지만 첨예한 이해관계와 엄중한 처벌이 문제되는 법학에서는 인과관계는 매우 심각하고 진지한 문제다.

이제 여러분이 범죄자가 되어 본다. ① 누굴 죽이려고 독을 탄 술잔을 건넸는데, 죽기도 전에 그 누구에게 배신당한 애인이 갑자기 달려들어 칼로 찔러 죽였다. ② 또 누굴 죽이려고 치사량의 독을 탄 술을 먹였는데, 합석한 그 누구의 애인도 복수심에 치사량의 독이 든 술잔을 권해 그 누구는 죽었다. ③ 죽일 마음은 없어 치사량은 아닌 독을 누구에게 먹였는데 배신당한 애인도 똑같은 마음으로 치사량이 아닌 독을 먹였고 그 결과 그 누구는 죽어버렸다. ④ 치사량의 독을 먹여 죽어가는 누군가의 고통이 너무 안쓰러워 한 애인이 목 졸라 더 빨리 죽게 하였다. ⑤ 누군가가 미워서 팔을 상처 냈는데 그 누군가는 혈우병이 있어 피가 멈추지 않아 죽었다. ⑥ 누군가를 죽이려고 흉기로 찔렀는데 죽지는 않고 병원으로 이송하는 구급차가 교통사고가 나서 결국 죽었다. 이런 경우 여러분이 살인죄로 처벌받게 되면 억울한 점이 없는가? 이것이 인과관계에 관한 문제이다.

형법 제17조는 "어떤 행위라도 죄의 요소되는 위험 발생에 연결되지 아니한 때에는 그 결과로 인하여 벌하지 아니한다."

라고 규정하여 인과관계가 있어야 처벌하는 것을 명시하고 있다. 형법에서도 '위험'이란 용어가 자주 쓰이는데, 이는 앞에서 살펴본 위험의 개념과는 다르다는 점에 유의해야 한다. 앞에서 이야기한 위험은 일이 발생하기 전을 말하는 것이고, 형법에서는 이미 과거에 발생한 일에 대해서 위험이란 말을 쓴다. 과거와 현재라는 전혀 다른 시공간에서 전혀 다른 법리를 설명하는 것이므로 같은 '위험'도 전혀 다르게 쓰인다.

여하튼 형법 제17조를 대입하여 위의 사례를 판단하여 자신이 살인죄로 처벌받아야 하는지 고민해 본다. 결과적으로 내가 죽인 것은 아닌데 하는 생각이 들 것이다. 그럼에도 불구하고 어떤 경우는 살인죄가 되고 어떤 경우는 살인미수죄는 몰라도 살인죄 기수로는 처벌받지 않는다. 형법총론은 자연과학이 태동하던 근대부터 현대까지의 인식이 발전한 역사를 토대로 인과관계에 대해서도 여러 학설을 소개한다. 자연과학과 같은 조건관계를 생각했다가 법에서는 조금은 다른 인과관계가 있지 않을까? 그래서 합법칙적 조건관계를 인과관계라 생각했다. 이후 자연과학적인 것만 생각하지 말고 일상 경험 속에서 겪는 보편적 경험도 인과관계가 될 수 있다고 생각하게 되었고, 점점 인과관계를 인정하더라도 그 책임을 객관적으로 귀속시킬 수 있느냐를 고민하게 되었다. 그렇게 발전된 이론에 의해 형법 제17조를 여러분에게 대입하면 여러분의 행위는 사람을 죽게 할 수도 있는 위험한 행동이란 것을 경험법칙상 알 수 있어 합법칙적 조건관계는 있으나, 그 위험한 행동으로 인해 딱 사람이 죽었는가 하는 것은 다시 따져봐야 한다는 '객관적 귀속' 문제로 귀결된다. 누군가의 사망이 여러분의 작품인가를 따져보는 과정이 '객관적 귀속'이다.

앞에서 자연과학적인 조건관계만 생각하는 것을 조건설이라고 하는데, 어떤 조건을 제거하면 그 일이 생기지 않을 거면 그 조건은 결과에 대해 인과관계가 있다고 하는 방식이다. 앞의 사례들을 이런 방식으로 대입하여 생각해 본다. ①과 ②의 경우에는 여러분이 한 행위(조건)를 제거해도 그 누군가는 죽는다. 그러므로 여러분은 살인죄의 인과관계가 부정된다. 나머지 경우에는 여러분의 행위가 없었다면 그 누군가는 죽을 이유가 없다. 그러므로 인과관계가 인정된다. 조건설에 의한 결론에 여러분은 납득이 되지 않고 억울할 수 있다. 이것은 조건설이 인과관계를 과도하게 확대하기 때문이다. 살인자를 낳은 엄마에게 살인죄를 물을 수 있는지 조건설로 따져 본다. 살인자를 낳은 행위가 없었다면 살인이 발생하지 않았을 것이다. 그러므로 조건설에 따르면 그 엄마는 살인에 대한 인과관계가 인정된다는 식이다. 이런 억울함을 줄이기 위해 원인설을 거쳐 합법칙적 조건설 등으로 발전하였으므로 여러분은 그 궤적을 따라 공부해야 한다.

앞에서 인과관계를 판단하기 위해서는 어떤 결과가 일어난 일에 대해 여러분이 연루되어 있는 것은 분명한데 그것이 딱 여러분의 작품인지 따져 보는 과정이 '객관적 귀속'의 문제라고 하였다. 연루된 일 중 어디까지를 여러분의 작품으로 귀속하고, 나머지는 털어낼 수 있는지에 대한 이론이다. 경험칙상 상당한 조건이 되면 책임을 귀속시킨다는 '상당인과관계설'이 있다. 앞의 ⑤와 같은 경우에 사람의 팔에 상처를 냈는데 우리 일반 경험칙상 그런다고 죽지는 않는다. 그러므로 살인죄의 인과관계는 부정된다는 식의 설명이다. 그렇다고 미수죄까지 부정되는 것은 아니다. 형법 제19조는 독립행위의 경합이라는 개념하에 "동시 또는 이시의 독립행위가 경합한 경우에 그 결과 발생의 원인된 행위가 판명되지 아니한 때에는 각 행위를 미수범으로 처벌한다."고 규정하고 있기 때문이다.

이 상당성을 따지는 방법 또한 사례와 같이 명확하지 않을 때도 있다. 그래서 또 상당성에 대한 학설이 이어진다. 잠깐 쉬면서 이야기하였지만, 눈에 보이고 느껴지는 실체가 아니라 허구의 문제이기에 이렇게 의견이 각자 다른 것이다. 그러려니 하고 그 학설을 알고 넘어가면 된다. 중요한 것은 판례는 어느 학설을 취하는지 알고 넘어가는 것이다. 이런 인과관계의 범위에 대해서 상당인과관계론뿐만 아니라 중요설, 목적설, 그리고 객관적 귀속론이라 해서 계속 이론이 발전한다. 왜 이런 이론들이 생기고 발전하는지 앞서 이야기한 인과관계의 중요성을 알게 되면 이해될 것이다. 그러므로 이런 이론에 대해서도 빠짐없이 공부해 두는 것은 수험단계에서 중요하다. 그리고 수사실무상 인과관계를 입증하는 것은 더욱 중요하고 특히 명확하지 않는 의료 사건에 있어서는 매우 어렵다. 그러므로 인과관계론은 집중해서 공부해 두어야 한다.

아무것도 하지 않은 행위

앞에서 이야기한 행위론을 떠올려 본다. 인과적 행위론에서는 거동성을 행위의 요소로 봤기 때문에 당연히 아무것도 하지 않은 것을 행위로 볼 수 없었다. 그런데 사회적 행위론에서는 행위 개념을 '사회적 의미내용'에 의해 파악한다. 그래서 행위를 '객관적으로 예견가능한 사회적 결과를 지향하는 객관적으로 지배가능한 일체의 행태'라고 한다. 이 말은 만약 경찰관이 누굴 살인하려는 범인을 제압해야 하는 상황에서 두려움으로 아무것도 하지 않아 그 누군가가 죽었다면 살인 발생이라는 사회적 결과를 지향한 꼴이 된다는 것이다. 그래서 경찰관에게 직무유기죄를 묻는 것이다. 여러분도 이러한 처벌에 이의를 달지 못할 것이다. 이것이 바로 부작위범의 법리이고 적극적인 작위뿐만 아니라 아무것도 하지 않는다는 의미의 부작위범도 처벌된다.

작위범은 금지규범을 위반하는 행위고, 부작위범은 요구규범을 위반하는 것이다. 여러분이 구성한 공동체로 돌아가 본다. 살인하지 말라, 남의 것을 훔치지 말라 등의 금지규범으로 어느 정도 안녕이 확보될 수는 있지만, 공동체가 발전하면 할수록 안녕 확보에 더 필요해지는 것들이 있다. 공동체 안에는 누군가의 보호가 필요한 어린아이부터 보호받아야 할 처지가 된 노인 환자나 사회적 약자들이 있다. 이런 구성원의 안녕을 확보하기 위해서, 또 여러분 자신의 안녕을 더욱 확보하기 위하여 누군가에게 의무를 부과하여 그 의무를 이행하도록 할 필요성이 있는 것이다. 그리고 어떤 위험을 발생시켰다면 그 위험을 발생시킨 사람이 스스로 그 위험을 제거해야 하는 의무를 부과하여야 그 공동체는 더욱 안녕할 것이다. 그래서 요구규범을 만들고 그것을 위반하면 처벌하게 된 것이다.

학자들은 부작위범을 진정부작위범, 부진정부작위범으로 나누는데, '~하지 아니한 자'라고 하면 진정부작위범, '~한 자'라고 하면 '부작위에 의한 작위'라고 하여 부진정부작위범이라고 형식적으로 구별하기도 한다. 형법 제122조는 "공무원이 정당한 이유 없이 그 직무수행을 거부하거나 그 직무를 유기한 때에는 1년 이하의 징역이나 금고 또는 3년 이하의 자격정지에 처한다."라고 직무유기죄를 규정하고 있다. 이런 형식을 진정부작위범이라고 한다. 그런데 이 직무유기죄는 '거부하거나'를 '~하지 아니한'으로, 또 '유기한'을 '~한'으로 형식적 판단한다면 직무유기죄는 부진정부작위범으로 보일 수 있다. 그런데 그 뜻을 보면 '유기한'은 '내다 버린'이란 뜻도 있지만 '보호할 사람이 보호받을 사람을 돌보지 않는'이란 뜻도 있는데 여기서는 후자의 뜻이다. 결국 '~하지 아니한'으로 해석되고 그러면 진정부작위범이 되는 것이다. 규정 문언만으로 진정, 부진정을 구별하는 형식설의 단점이다.

부진정부작위범은 형법 제18조 "위험의 발생을 방지할 의무가 있거나 자기의 행위로 인하여 위험발생의 원인을 야기한 자가 그 위험발생을 방지하지 아니한 때에는 그 발생된 결과에 의하여 처벌한다."의 규정이 적용된다. 진정부작위범이 결과발생과는 무관하게 기수가 성립하는 데 반해 부진정부작위범은 결과가 발생해야 기수가 된다. 진정부작위범은 모든 사람이 행위의 주체가 되고 부진정부작위범은 보증인의무가 있는 사람만이 행위의 주체가 된다. 이것을 따지는 이유는 다음과 같다. 응급의료에 관한 법률 제6조 제2항은 "응급의료종사자는 업무 중에 응급의료를 요청받거나 응급환자를 발견하면 즉시 응급의료를 하여야 하며 정당한 사유 없이 이를 거부하거나 기피하지 못한다."라고 규정하고 "그 의무를 위반하면 3년 이하의 징역 또는 3천만원 이하의 벌금에 처한다."라고 벌칙을 두고 있다.

이때 의료종사자의 의무가 작위의무인지, 아니면 보증인의무인지에 따라 처벌은 달라진다. 단순 작위의무면 그 거부로 인해 다른 병원으로 이송하다가 그 환자가 죽더라도 3년 이하 징역 등의 처벌을 받는다. 그런데 그것이 '위험의 발생을 방지할 의무' 즉 보증인의무라고 하면 업무상 과실치사죄로 5년 이하의 금고 등으로 무겁게 처벌된다.

진정부작위범은 규정 문언대로 해석하여 적용하면 무리가 없다. 그러나 부진정부작위범은 아무것도 하지 않았는데 작위범같이 처벌을 받을 우려가 있으므로 이에 대한 이론과 논란이 많다. 그러므로 보증인의무가 무엇이고 어떤 때 발생하며, 구체적 유형은 어떤 것인지 자세히 알아두는 것이 필요하다. 그리고 이에 따르는 형법총론 각 영역과의 연관성이나 쟁점을 정확히 파악해 두어야 한다.

행위의 대상, 객체

범죄가 성립하려면 구성요건에 해당하여야 하고, 그 구성요건은 보통 행위객체, 행위, 행위주체로 이루어진다고 앞에서 이야기하였다. 행위주체는 주로 사람이고, 법인이 주체로서 문제될 때가 있다고 하였고, 행위에 대해서 지금까지 알아보았다. 그러면 행위의 객체와 관련된 문제는 어떤 것들이 있는지 살펴본다.

형법 제250조 제2항은 "자기 또는 배우자의 직계존속을 살해한 자는 사형, 무기 또는 7년 이상의 징역에 처한다."고 규정하고 있는데, 객체가 사람은 사람인데 '자기 또는 배우자의 직계존속'이란 신분이 붙어 있다. 그리고 형법 제307조의 명예 훼손죄의 객체는 사람의 명예란 관념이다. 이렇게 객체는 사람과 특수한 사람, 그리고 명예, 신용 등의 관념이 되는 것 외에 재물이 있다. 객체 중 유의해서 보아야 할 부분이 재물이다. 형법 제329조 절도죄의 객체는 '타인의 재물'이다.

재물은 보통 '재산적 가치가 있는 유체물'로 개념을 정의한다. 그럼 유체물은 무엇인가 하는 의문이 들 것이다. 유체물은 물리적 공간을 차지하는 물건이다. 물이 생수병에 담기면 유체물이고, 보이지 않는 부탄가스도 용기에 담기면 유체물이 된다. 어떤 곳에 담아 놓을 수 없는 것들은 어떻게 할까 하는 의문을 가지는 순간, 형법 346조는 "절도 등의 죄에 있어서 관리할 수 있는 동력은 재물로 간주한다."라고 규정하고 있다. '간주한다'라는 것은 '본질이 다른 것을 일정한 법률적 취급에 있어 동일한 효과를 부여하는 것'을 말한다. 동력과 유체물은 본질이 다르지만, 절도죄에서 따질 때는 둘 다 재물로 본다고 법으로 명시해 놓은 것이다. 그래서 이웃에서 몰래 전기를 끌어다 쓰면 절도죄가 된다. 공기는 누구나 마실 수 있지만, 그것을 용기에 넣어 물리적으로 관리가 가능한 것이 되면 재물이 된다. 형법 제347조의 사기죄의 객체는 '재물'과 '재산상의 이익'이다. 재산상의 이익은 그래서 절도의 객체는 되지 못하고 사기죄 등의 객체가 될 뿐이다. 이런 식으로 모호한 개념에 대해서 학설이나 판례를 통해 정리해 나가는 것이 법학이다.

재물은 타인의 재물이어야 한다. 그런데 여기서 '타인'이란 개념에서도 많은 논점이 있다. 앞서 이야기한 가족 간 절취는 어떤지 알아본다. 여러분의 보통 정서상 여러분이 사랑하는 가족이 내 재물을 가져갔다고 해서 가혹한 형벌을 받기를 바라는지 생각해 보기 바란다. 그래서 형법 제344조는 친족간의 절도에 대하여 제328조의 규정을 준용(빌려 씀)한다고 하였는데, 제328조는 "직계혈족, 배우자, 동거친족, 동거가족 또는 그 배우자 간의 제323조의 죄는 그 형을 면제하고. 그 외의 친족간에는 고소가 있어야 공소를 제기할 수 있다."라고 규정하여 여러분의 고민을 해결해 준다. 이러한 규정은 예로부터 국가는 가정 안의 문제에 대해서는 개입하지 않으려는 법철학이 반영된 것이다. 그러나 점점 국가가 가정 안의 문제에도 개입해야 한다는 생각들이 반영되고 있다. 가정폭력방지법, 아동학대처벌법 등이 제정되는 것이 그런 추세이다. 이러한 법들은 특별법이라고 해서 그 해석과 적용은 형법의 방법과 같다. 또한 타인이란 말에 주목하고 여러분 중 두 사람이 공동으로 소유(네 것도 되고, 내 것도 되는)하는 재물을 어느 한 사람이 몰래 가져갔을 때의 경우를 따져 본다. 학설과 판례는 공동소유의 재물은 '타인의 재물'로 인정하여 절도죄로 처벌한다.

형법총론을 지나 형법각론을 공부할 때는 이렇게 행위주체, 행위, 행위객체 하나하나에 집중하여 익혀 두어야 한다. 우리의 일반 상식과 맞지 않는 개념이나 미처 생각하지 못한 의미가 숨어있을 때가 많다. 왜 이렇게 규정했어야 했을까 추측해 보고 이해하면서 공부하게 된다면 그다지 어려운 것은 없다.

우리는 이 경찰 법 이야기를 시작하면서 범죄가 성립하기 위해서는 불법과 책임이 있어야 하고, 그 불법은 구성요건에 해당하고 위법성이 조각되지 않아야 한다는 이야기 선상에서 구성요건에 대한 이야기를 여기까지 해왔다. 이 밖에 구성요건에는 상황에 따라 그 불법성이 엄중해지거나 신분에 따라서 형의 경중이 달라지는 경우가 있다. 그런 구성요건의 요소는 형법각론에서 자세하게 공부하기 바란다. 이것으로 구성요건 해당성의 문제를 끝내고, 이제 불법을 구성하는 위법성에 대해서 이야기하고자 한다.

사람을 죽이거나 다치게 해도 위법하지 않는 경우, 위법성조각사유

사람을 살해한 자는 살인죄로 처벌된다. 그런데 그것이 전쟁터에서 벌어졌을 때나 살인강도범과 격투가 벌어졌는데 결과적으로 살인강도범을 죽였을 때는 살인죄로 처벌받지 않는다. 정당행위와 정당방위의 법리 때문이다. 얼어 죽을 것 같은 산속에서 길을 잃고 헤매다가 우연히 발견한 남의 산장의 문을 뜯고 들어가도 주거침입죄가 성립하지 않는다. 긴급피난의 법리 때문이다. 목숨 같은 돈을 떼어먹고 도망간 채무자를 길에 우연히 마주치자 붙잡고 놓아주지 않아도 불법체포죄가 성립하지 않는다. 자구행위의 법리 때문이다.

이렇듯 구성요건에는 해당하지만, 함께 불법을 구성할 위법성이 탈락되는 바람에 불법이 되지 않고 결국 범죄가 성립하지 않는 경우가 있다. 이때 위법성을 탈락시키는 것이 위법성조각사유다. 형법 제20조(정당행위) "법령에 의한 행위 또는 업무로 인한 행위 기타 사회상규에 위배되지 아니하는 행위는 벌하지 아니한다." 제21조(정당방위) "① 현재의 부당한 침해로부터 자기 또는 타인의 법익(法益)을 방위하기 위하여 한 행위는 상당한 이유가 있는 경우에는 벌하지 아니한다."제22조(긴급피난) "① 자기 또는 타인의 법익에 대한 현재의 위난을 피하기 위한 행위는 상당한 이유가 있는 때에는 벌하지 아니한다."제23조(자구행위) "① 법률에서 정한 절차에 따라서는 청구권을 보전(保全)할 수 없는 경우에 그 청구권의 실행이 불가능해지거나 현저히 곤란해지는 상황을 피하기 위하여 한 행위는 상당한 이유가 있는 때에는 벌하지 아니한다." 제24조(피해자의 승낙) "처분할 수 있는 자의 승낙에 의하여 그 법익을 훼손한 행위는 법률에 특별한 규정이 없는 한 벌하지 아니한다."

위법성조각사유에 대해서는 그 제도가 왜 만들어졌는지를 이해하고, 그 제도간의 구별을 위해 각 사유의 개념에 대해서 정확하게 인식해야 한다. 특히 정당방위와 자구행위가 '부정(不正) 대 정(正)'의 관계라면, 긴급피난은 '정 대 정'의 관계라는 점을 이해해야 한다. 그러므로 긴급피난에 대해서는 정당방위의 법리가 적용되지 않는다. 각 사유의 성립요건과 법적 효과 등을 꼼꼼히 기억해야 하고, 이와 관련된 과잉이나 오상(잘못 생각한) 등의 문제도 정리해 두어야 한다. 위법성과 관련된 윤곽은 뚜렷해 보이지만 그 속에 들어가면 시험에 들게 할 여러 가지 문제가 얽히고설켜 있다. 하지만 여러분이 혹시 처벌될 위기에 있을 때 위법성조각사유는 여러분을 구할 수 있는 법리이므로 자신의 위기를 상정하고 공부하면 재미있게 공부할 수 있는 부분이다.

그 다양한 의미, 책임

형법 제22조의 긴급피난의 규정을 받지 못하는 자로 제2항에 '위난을 피하지 못할 책임이 있는 자'를 규정하고 있다. 이때 '책임'이 있는 자로는 국가의 임무, 즉 공공의 안녕을 지켜야 하는 군인, 경찰관, 소방관 등이 있다. 그들의 생명·신체 등에 어느 정도의 위험이 발생해도 긴급피난이 허용되지 않는 것이고, 긴급피난을 하게 되면 직무유기죄로 처벌받거나 손해배상 시비에 휘말리게 된다. 이 경우 '책임'과 우리가 일상에서 "결과는 내가 책임질게, 끝까지 해봐.", "이렇게 된 건 너의 책임이야.", "무책임한 말" 등에서의 '책임'은 서로 다른 의미다. 법학에서도 민사책임과 형사책임은 또 다르다. 결국 의미에 대한 논란이 많고 해석에 혼란을 주는 말에는 '개념' 정의가 필요하다.

범죄성립요소로서 책임은 불법을 실현하는 행위를 그 행위자에게 귀속시킬 수 있는 것을 말한다. 어… 귀속? 누구의 작품으로 귀속시킨다? 그렇다. 인과관계를 따질 때도 귀속가능성에 대해서 이야기하였다. 그런데 책임에 있어 귀속가능성은 조금 더 복잡하다. 책임능력이 있어야 하고, 책임 고의·과실이란 구성요건에서의 고의·과실이 다른 형태로 변환된 것을 생각해야 하며, 불법의식, 적법행위의 기대가능성 등을 고려해야 한다. 형법상 책임에 대한 고민은 바로 앞에서도 잠시 언급한 결정론(인간의 의지와 상관없는)과 비결정론(인간의 의지와 상관있는)과 연결되어 있다. 비결정론은 책임에 대해 인간은 의사의 자유가 있으므로 그 의사결정에 대한 책임을 져야 한다는 도의적 책임론으로 연결된다. 즉 적법한 행위를 할 수 있었음에도 불구하고 위법한 행위를 했다는 점에 대한 윤리적 비난이라고 할 수 있다. 그런데 인간은 그 소질과 환경에 의해 결정될 뿐이지 의사의 자유는 없는 것이라는 입장에서 책임을 행위자의 반사회적 성격에 근거하여 사회방위의 목적으로 부과해 놓은 것이라는 입장이 있다.

앞에서도 여러분에게 질문했지만, 여러분은 여러분이 의사의 자유를 가졌다고 생각하는가? 그런 경우도 있었고 그렇지 않은 경우도 있었을 것이다. 여러분은 여러분의 소질과 환경을 극복하려고도 하였을 것이고, 결국 극복하지 못하고 순응한 때도 있었을 것이다. 이런 고민을 도의적 책임론과 사회적 책임론은 나름의 풀이로 학설로 전개했고, 그 두 학설의 내용과 비교는 시험에 들게 할 만한 것이므로 이해하고 익혀야 한다. 또한 이와 관련하여 고의·과실의 심리적 요인이 책임이냐, 아니면 그러한 심리상태의 형성과정에 대한 비난가능성이냐 등에 따라 심리적 책임론, 규범적 책임론, 예방적 책임론 등으로 이론들이 전개되는데, 한번 읽어두면 책임에 대해 조금 더 이해하기 쉽다. 그리고 책임은 책임론 안에서도 다양한 의미로 쓰인다. '책임 없이는 형벌도 없다'는 말에서의 책임과 '책임 없이는 범죄도 없다'라는 말에서의 책임은 또 다른 의미가 된다. 이런 의미의 차이를 찬찬히 살펴본다면 책임원칙에서는 책임개념이 불법을 포괄하고, 양형의 근거들을 아우르는 광의의 개념으로도 사용된다는 것을 알 수 있다.

우리는 이 이야기를 시작하고 나서 「반복되고 유형화된 위험, 범죄」에서 이미 책임문제에 대해 잠시 이야기했었다. 14세 미만의 어린아이가 범죄를 저질렀을 때 범죄가 성립하는가 하는 문제였다. 바로 책임능력에 관한 이야기다. 형법 제9조는 "14세되지 아니한 자의 행위는 벌하지 아니한다."고 형사미성년자를 규정하였다. 형사미성년자와 대비되는 말은 민법상 미성년자고 19세 미만이다. 함께 알아두면 좋은 것은 촉법소년인데 10세~14세 미만에 해당하는 소년·소녀다. 10세 미만이면 어떤 처벌도 처분도 받지 않고, 10세~14세 미만은 보호처분을 받을 뿐 형사처벌되지는 않는다. 14세 미만의 미성년자에겐 책임능력이 없다고 규정하고 있기 때문이다. 책임능력은 불법을 저지르지 않고 적법하게 행위할 수 있는 지적 능력을 말한다. 지적 능력이란 '사물을 변별하고 의사를 결정할 수 있는 능력'을 말한다. 요즘 14세 미만의 청소년들이 저지르는 불법을 생각하면 부당하게 느껴질 수 있다. 그래서 형사미성년자 연령의 하한을 만 13세 미만으로 낮추는 방향으로 형법 및 소년법 개정을 추진하자는 여론과 정책 논의도 있다. 법은 만들어진 것(허구)이기에 바뀔 수도 있고 그대로 둘 수도 있다. 그러면 왜 책임능력이란 개념을 만들었는지 알아본다.

책임무능력자는 자신의 행위가 무엇을 의미하고, 무슨 결과를 발생시킬지에 대해 전혀 모르는 사람이다. 여러분의 7세 아이가 아파트 옥상에서 장난감을 떨어뜨렸다. 그 바람에 아래에 있던 행인이 크게 다쳤다. 7세 아이가 상해죄로 처벌받는 것에 대해 받아들일 수 있을 것인가? 만약 그 행인이 여러분이라면 여러분이 피해를 당했는데도 상대방을 처벌하지 못하는 것에 대해 받아들일 수 있을 것인가? 이러한 갈등을 해결하려고 인류는 책임무능력자란 개념을 만든 것이라고 생각하면 된다. 형법은 14세 미만의 형사미성년자뿐만 아니라, 심신장애로 인하여 사물을 변별할 능력이 없거나 의사를 결정할 능력이 없는 자를 심신상실자로 책임무능력자로 규정하고 있다. 이 외에 심신미약자라고 하여 심신상실 상태는 아니고 심신이 미약한 정도의 사람은 형을 감경해주는 규정을 두고 있는데, 불법을 저지른 사람을 변호할 때 자주 쓰인다. 그러므로 위험의 발생을 예견하고 자의로 심신장애를 야기한 자의 행위에는 심신상실자와 심신미약자의 규정을 적용하지 않는다. 누굴 죽이도록 증오하면서 술이나 마약을 잔뜩 먹고 취한 상태에서 살인을 하면 심신미약자로 죄를 감경해주지 않는다. 이를 '원인에 있어서 자유로운 행위'라는 낭만적 표현의 개념을 부여하였는데 라틴어를 번역해서다. 중간 영역쯤 되는 모호한 지점에 있기 때문에, 이에 대한 이야기거리가 많다. 그래서 다양한 논의들이 형법총론에서 펼쳐지는데 이런 부분에 있어 시험에 들게 할 요소가 많이 있음을 기억해야 한다.

이야기가 구성요건과 위법성을 지나 책임으로 이어지고 있는데, 책임에서 다시 위법성이 나온다. 책임 이야기를 요약하자면 '뭘 모르고 했는데 어떻게 처벌해?'라는 것이다. 자신의 행위에 대한 의미를 모르고 어떤 결과가 발생할지 모르고 한 것에 책임을 물을 수 없다는 것이다. 그런데 자신의 행위도 알고 결과발생도 아는데, 그게 법령에 의해 죄가 되지 않는다고 생각하고 저질렀다면, 즉 위법성에 대한 인식이 없었다면 어떻게 될까? 위법성 인식은 구성요건단계에서는 고의의 한 요소로 보기도 하는 학설이 있고, 이렇게 책임론에 와서 따지는 학설도 있다는 것을 기억해 두어야 한다. 형법 제16조는 '법률의 착오'란 용어로 "자기의 행위가 법령에 의하여 죄가 되지 아니하는 것으로 오인한 행위는 그 오인에 정당한 이유가 있는 때에 한하여 벌하지 아니한다."고 규정하고 있다. 이것이 위법성 인식에 관한 문제의 출발이다. 바로 앞 규정인 형법 제15조의 '사실의 착오'는 구성요건 단계에서의 착오란 점을 구분해 두어야 한다. 언론상에서 종종 보도되는 종교적 확신범, 양심범에서는 위법성의 인식이 인정된다. 위법성은 종교적 확신, 윤리나 양심과는 상관이 없다. 여러분이 어떤 법령에 저촉된 행위를 하고도 '몰랐다'라고 하면 된다고 생각할지 모르겠지만, 왜 그렇게 오인했는지에 대한 정당한 이유를 대지 못하면 소용없다. 왜 소용없는지에 대해 상세히 설명해 놓은 것이 형법총론의 위법성 인식과 법률의 착오란 부분이니 숙독해서 여러 개념을 익혀 두기를 바란다.

이제 여러분은 범죄의 성립에 대해서 필요한 뼈대 이야기는 다 들었다. 이제 여기에 범죄가 완성되지 않으면?, 두 사람 이 상이 범죄를 하면?, 하나의 행위로 둘 이상의 범죄가 되면?, 그럼 형벌은 어떻게 집행하지 등의 의문에 대한 풀이가 살로 붙을 것이다. 미수론, 공범론, 죄수론, 형벌론, 그리고 드디어 형법각론을 차례로 공부하기 바란다. 이 이야기는 여러분에게 공부할 곳의 출입문을 살짝 열어 구경시켜 주는 이야기에 불과 하다는 점을 잊지 말았으면 한다.

민주주의여 만세

내 머리는 너를 잊은 지 오래
내 발길도 너를 잊은 지 너무도 오래
오직 한 가닥 타는 가슴속 목마름의 기억이
네 이름을 남몰래 쓴다
타는 목마름으로 타는 목마름으로 민주주의여 만세

살아오는 저 푸른 자유의 추억
되살아나는 끌려가던 벗들의 피 묻은 얼굴
떨리는 손 떨리는 가슴 치 떨리는 노여움에
서툰 백묵 글씨로 쓴다
타는 목마름으로 타는 목마름으로 민주주의여 만세
　　　　　　－故 김광석 가수 『타는 목마름으로』 중에서

　같은 해 태어나 같은 시대를 살다가 글쓴이보다는 일찍 요절
한 김광석 가수는 글쓴이가 법학을 처음 접하게 된 1984년에
'노래를 찾는 사람들(노찾사)'에서 『타는 목마름으로』를 노래했

다. 대한민국헌법 제1조 "① 대한민국은 민주공화국이다. ② 대한민국의 주권은 국민에게 있고, 모든 권력은 국민으로부터 나온다." 1987년 개헌 전이나 후나 같은 내용이다. 다만 1980년의 헌법에서는 제39조에서 "대통령은 대통령선거인단에서 무기명투표로 선거한다."라고 하여 간선제를, 1987년의 헌법 제67조는 "대통령은 국민의 보통·평등·직접·비밀선거에 의하여 선출한다."라고 하여 직선제가 되었다. 이 시기의 민주화 과정이다. 이야기를 시작하면서 법은 허구라고 하였다. 인간에 의해 만들어진 것이란 뜻이었다. 허구는 실제로는 없는 것을 만들어내는 것이어서 재미난 소설이 될 수도 있고, 가짜뉴스가 될 수도 있다. 법과 제도도 인간의 필요에 의해 만들어진 것이지, 실제로 존재했던 것이 아니란 이야기를 하였다. 체육관에서 대통령을 뚝딱 뽑는 것이 아니라 국민이 직접 투표해서 뽑는 대통령이 필요했기 때문에 헌법을 개정한 것이다. 그냥 개정된 것이 아니라 만인이 투쟁하여 개정된 것이다.

민주주의도 그렇다. 원시시대부터 고대까지 인류는 안녕에 필요한 만큼 공동체를 만들었고, 그런 공동체를 만들고 발전시키기 위해 허구인 신화를 만들어냈다. 우리가 흔히 알고 있는 그리스·로마 시대의 신들도 있고, 북유럽의 오딘과 토르 등의 신화가 있었다. 우리에게도 단군 신화가 있었다. 그럼 공동체의 숫자만큼 신화가 있었던 셈이다. 신화가 통하는 곳까지가 그 공동체의 범위가 되었을 것이다. 공동체의 안녕과 질서를 위해서 위계질서를 만들고 필요한 법을 만들었을 것이다. 위계 질서는 최고 통치자 혼자 또는 여럿이 권력을 독점하고 피라미드처럼 권력이 조금씩 분배되는 구조가 일반적이었을 것이다. 신화는 더욱 발전하고 정교해지고 마침내 공동체의 모든 질서를 관장하는 시대가 되었다. 그 시기를 중세라고 하고, 제도는 최고 통치자가 관할하는 영토 외에는 제후들에게 나누어주어 통치하게 한 봉건제였다. 흔히 중세시대를 암흑의 시대라고 한다. 글쓴이는 그러한 명칭에 대해 동의하는 바도 있지만, 어떤 결과에는 원인이 반드시 있다는 사고방식을 가지고 있기에 중세가 갑자기 르네상스시대를 거쳐 근대가 되었다고 생각하지는 않는다. 다만 중세는 왜(Why)라는 의문을 억제하고 모든 것을 '믿음'으로 설명하려고 했다는 인상을 지울 수 없다.

그런 인상의 중세를 살던 사람들은 답답함을 느꼈을 것이고, 그래서 통일된 신화가 아닌 필요에 의해 신화를 만들어 낸 고대 사람들의 생각을 반추하였을 것이다. 이 시기를 르네상스시대라고 한다. 고대 그리스·로마 시대에 살던 사람들은 필요에 의해 신까지 만들어낸 인본주의자들임에 주목하였다. 민주주의는 그리스·로마 시대부터 있었다. 민주주의(democracy)란 말이 그리스어인 d-emos(민중)와 cratos(지배)라는 두 가지 단어의 합성어 d-emocratia에서 유래한다. 신에 의해서 빚어진 인간이 아니라 신들을 만든 인간에 집중하면서 문화와 예술에 많은 변화가 만들어졌다. 그리고 신의 섭리에서 벗어난 세상을 탐구하기 시작하였다. 왜(Why)? 지구를 중심으로 천지를 만들었으니 당연히 지구를 중심으로 태양과 달, 그리고 별들이 돌고 있다고 하는데 그게 맞을까? 지구가 정지해있는 태양을 중심으로 회전한다고 추측한 첫 번째 사람은 BC 3세기에 그리스인 아리스타르코스로 알려져 있다. 물론 그 당시 우리가 알고 있는 유명한 플라톤과 아리스토텔레스는 천동설을 주장하였기에 빛을 보진 못했다. 그리고 르네상스시대인 16세기에 코페르니쿠스에 의해 그 의문은 예측 가능한 태양중심 체계의 수학적 모델을 제시함으로써 풀린다. 물론 여기에도 지금과 같은 과학적 성과와는 동떨어진 면이 있다고 한다. 확실히 이야기할 수 있는 것은 점점 인간의 인지능력이 발전하고 있다는 점이다. 사과가 떨어지는 당연하고 익숙한 장면에 왜(Why)라는 질문을 던진 인류는 그 당시 법과 제도에 대해서도 왜(Why)라는 질문을 던진다. 중세의 거대한 장막이 걷혔지만, 더 강력한 왕권신

수설(왕권은 신이 준 것) 등에 의해 절대왕정이 펼쳐지고 있었을 때도 인류는 끝없이 질문을 던지고 있었다.

마침내 17세기에는 영국 의회가 왕정을 제약하는 권리장전 (1689)이 선포되는 명예혁명이 일어났고, 이 불씨는 이미 1215년 의 중세 시대의 마그나카르타(대헌장)에 있었다. 이렇게 인류의 생각은 계속 자라고 있었다. 왜(Why) 같은 사람인데 신분에 의 해 차별받지? 왜 같은 사람인데, 마음먹은 대로 하는 사람과 속박받는 사람이 있는 거지? 왜 무슨 권리로 사람을 함부로 가 두고 죽이는 거지? 왜 국가가 국민 위에서 군림하려 하는 거 지? 1789년 자유·평등·박애로 상징되는 프랑스대혁명은 '인 권'에 대한 생각을 증폭시켰다. 그리고 현재에도 여전히 인류 의 인지혁명은 계속되고 있고, 인권은 각종 기본권, 권리로 계 속 성장하고 있다. 바로 이러한 인권이 기본권, 권리로 법에 명 시되게 하는 기본법이 헌법이다.

헌법 제12조 제1항 "모든 국민은 신체의 자유를 가진다. 누 구든지 법률에 의하지 아니하고는 체포·구속·압수·수색 또 는 심문을 받지 아니하며, 법률과 적법한 절차에 의하지 아니 하고는 처벌·보안처분 또는 강제노역을 받지 아니한다."라는 규정에 의해 형법 등 각종 형사법이 만들어진다. 왕이 느닷없이 죄를 물어 처벌할 수 없도록 의회에서 만든 법률에 의해서만 죄를 정하고 형벌을 정하도록 하는 것이다. 이것을 '죄형법정주의'라고 한다. 형법의 다른 면, 즉 여러분의 법익을 보호하도록 한 것도 헌법 제10조 "모든 국민은 인간으로서의 존엄과 가치를 가지며, 행복을 추구할 권리를 가진다. 국가는 개인이 가지는 불가침의 기본적 인권을 확인하고 이를 보장할 의무를 진다."라는 것에서 출발한다. 그런데 형법이 죄형법정주의를 지키고, 법익을 지키기 위해 만들어진다고 해도 마구잡이 내용으로 구성되어서는 안 된다. 아무리 도덕적·윤리적으로 비난받더라도 범죄가 아니라면 처벌되지 않아야 하고, 형법이 개인 사생활의 영역에 너무 깊이 관여해서도 안 된다. 타인의 법익을 보호한다고 책임능력도 없는 사람을 처벌해서도 안 된다. 이러한 생각들을 개념화한 것이 '비례의 원칙(과잉금지원칙)'이다. 형법이 법익을 보호하려는 목적에 적합해야 하고, 필요한 최소한만 규정·적용되어야 하며, 보호하고자 하는 법익을 넘어서는 처벌은 허용되지 않아야 한다는 원칙이다. 헌법은 제37조에 이러한 원칙을 규정하고 있다. "① 국민의 자유와 권리는 헌법에 열거되지 아니한 이유로 경시되지 아니한다. ② 국민의 모든 자유와 권리는 국가안전보장·질서유지 또는 공공복리를 위하여 필요한 경우에 **한하여** 법률로써 제한할 수 있으며, 제한하는 경우에도 자유와 권리의 본질적인 내용을 침해할 수 없다."

　이렇게 민주주의와 함께 성장한 헌법은 형사법을 만들고 적용하는 과정, 그리고 기소·판결을 하는 과정(형사소송법), 위험을 방지·제거하는 과정(경찰행정법) 곳곳에 숨을 쉬고 있다. 이 이야기 곳곳에서 헌법을 공부하게 될 것이다.

법률 우위·유보의 원칙과 죄형법정주의

　법, 법률, 법령, 법규… 꼬리를 밟아 가는 이야기를 하다 보니 드디어 본격적인 법 이야기를 하게 되었다. 이야기 속에서 여러분이 어떤 공동체의 안녕을 위해 어떤 질서를 만들고 그것을 규정한다고 했는데, 이것이 법이다. 그 공동체가 화투놀이를 하는 공동체라도 법을 만든다. 1점에 100원으로 할 것인지, 아니면 1,000원으로 할 것인지. 싼 것(설사)을 가져가는 사람에게 피 하나씩을 줄 것인지, 아니면 주지 않을 것인지, 또는 똥피나 비피처럼 2~3점짜리 피밖에 없을 때 다 줄건지 아닌지. 미리 정해놓지 않는 규칙은 그 지역이나 자주 치는 사람이 하던 대로 정하자고도 한다. 하던 대로 하자는 것이 '관습'인데 이것이 법이 될 때도 있다. 헌법에 있어서도 대한민국 수도가 어디냐는 논쟁이 있었는데, 결국 관습헌법으로 '서울'을 수도로 인정한 적도 있다. 헌법에 대한민국 수도가 명시되지 않았음에도. 법학에서 좋아하는 개념으로 정리하면, 법은 질서를 유지하고 사회가 유지되기 위해 정의를 실현함을 **직접 목적**으로 하는 국가의 강제력을 수반하는 사회적 규범 또는 관습을 말한다. 그래서 여러분이 화투놀이를 하는 규칙은 국가적 강제력이 없으므로 법이라 하지 않고 '룰' 또는 '규칙'이라고 한다. 그러면서도 여러분 중 누군가 돈을 잃게 되는 순간에 '이런 법이 어디 있어!'라고 외치는 경우도 있다. 그래도 법은 아니다. 정의를 직접 목적으로 하는 것이 아닌 것으로는 도덕·윤리가 있다.

법에는 여러 가지가 있다. 법률, 법령, 관습법, 명령, 규칙, 조례, 판례까지 넓게 볼 수도 있다. 하지만 법에도 질서(계급)가 있다. 헌법, 형법, 민법, 행정법 등 '법'이라고 이름 붙여진 것은 사실은 '법률'이다. 법률이라고 불리기 위해서는 국회(입법부)의 심의와 의결을 거치고, 국가 원수가 서명·공포하여 효력이 발생하는 형식을 취해야 한다. 앞에서 민주주의와 헌법에 대해서 이야기할 때 명예혁명부터 권리장전, 그리고 프랑스대혁명을 거치면서 최고 통치자가 마음대로 법을 만들지 못하도록 제도화되어 만들어진 것이 바로 법률이다.

그런데 황제나 왕이 그랬듯이 최고 통치자도 법을 만들 수 있다. 우리나라는 대통령이 최고 통치자이니까 '대통령령'이라는 것을 만들 수 있고, 각 부 장관도 '~부령'을 만들 수 있다. 이런 것을 '법령'이라고 한다. 법령은 법률보다 계급이 낮아

(상급자인) 법률에 위반해서는 안 되고, (상급자인) 법률에서 위임해주는 범위 안에서 법령이 만들어지는 것이다. 이를 법률 우위의 원칙(위반 불가)과 법률 유보의 원칙(위임된 것만 가능)이라고 한다. 여기서 '유보(留保)'는 일상용어로는 '미루다, 남겨두다' 등 보류의 뜻이지만, 법률유보는 법률의 근거가 있어야 한다는 뜻으로 생각하면 된다. 헌법 제37조 제2항은 "국민의 모든 자유와 권리는 국가안전보장·질서유지 또는 공공복리를 위하여 필요한 경우에 한하여 **법률로써 제한할 수 있으며**, 제한하는 경우에도 자유와 권리의 본질적인 내용을 침해할 수 없다."라고 규정하고 있다. 비례의 원칙을 이야기할 때도 인용되던 조항이다. 이렇게 자주 나타나는 헌법 조문은 중요한 것이다. 기본적으로 국민의 자유와 권리는 보장해주는 것이 원칙인데, 불가피하게 그 자유와 권리를 침해할 필요성이 있을 때에도 반드시 국회에서 만든, 즉 서로 이해관계가 다른 국민의 대표가 피 터지게 논쟁하고 합의나 최소한 많은 지지를 받는 내용으로 된, 법률에 의해야 함을 규정한 것이다. 그리고 마지막 부분, 국회에서 만들었다고 해도 국민의 자유와 권리의 본질적인 내용이 침해되었다면 위헌법률이 되는 것이다. 결국 법 중의 최고 계급은 헌법이다.

법률우위의 원칙과 법률유보의 원칙은 법령에만 적용되는 것이 아니다. 바로 법을 집행하는 데도 적용된다. 법률을 위반하여 법집행을 해서도 안 되고, 법률의 근거(수권) 없이 법집행을 해서도 안 된다. 경찰관이 어떤 위험을 방지·제거할 때도, 예를 들면 어떤 사람이 돈을 떼일 위험에 있다고 해도 경찰관이 직접 '돈을 갚으라'는 명령이나 돈을 갚지 못하면 다른 물건이라도 가져가는 강제력을 쓸 수 없는 것은 '경찰관직무집행법'에 그러한 근거(수권)가 없기 때문이다. 그리고 예를 들어 흉기를 들고 난동을 피우는 사람을 제압할 때도 필요 이상의 물리력을 썼다면 '헌법 제37조 2항'과 '경찰관직무집행법 제1조 제2항("경찰관의 직권은 그 직무수행에 필요한 최소한도에서 행사되어야 하며 남용되어서는 안된다")'의 '비례의 원칙'을 위반하였으므로 불법이 된다.

이러한 법률우위의 원칙과 법률유보의 원칙을, 범죄를 정하고 처벌을 규정한 형사법에 대해서는 헌법은 조금 더 강력하고 자세한 규정을 두고 있다. 헌법 제12조 "모든 국민은 신체의 자유를 가진다. 누구든지 법률에 의하지 아니하고는 체포·구속·압수·수색 또는 심문을 받지 아니하며, 법률과 적법한 절차에 의하지 아니하고는 처벌·보안처분 또는 강제노역을 받지 아니한다."라는 규정과 헌법 제13조 "모든 국민은 행위시의 법률에 의하여 범죄를 구성하지 아니하는 행위로 소추되지 아니하며, 동일한 범죄에 대하여 거듭 처벌받지 아니한다."라는 규정이다. 이 헌법 규정에 의하여 형법 제1조는 범죄의 성립과 처벌에 대하여 "① 범죄의 성립과 처벌은 행위 시의 법률에 따른다. ② 범죄 후 법률이 변경되어 그 행위가 범죄를 구성하지 아니하게 되거나 형이 구법(舊法)보다 가벼워진 경우에는 신법(新法)에 따른다. ③ 재판이 확정된 후 법률이 변경되어 그 행위가 범죄를 구성하지 아니하게 된 경우에는 형의 집행을 면제한다."라고 규정하고 있다. 이를 죄형법정주의(죄와 형을 법률이 정한다는 원칙)라고 한다. 앞선 민주주의 이야기에서 대헌장, 권리장전, 프랑스 인권선언 등으로 이어지는 독재자의 횡포를 벗어나려 했던 인류의 역사를 생각하면 이해가 어렵지 않을 것이다. 즉 여러분의 어떤 행위가 범죄로 처벌받는지 미리 알 수 있고, 그러므로 여러분이 평소에는 불안감에서 벗어난 생활을 하게 해 줄 수 있는 것이 죄형법정주의다.

죄형법정주의는 그 아래 네 가지 원칙을 거느린다. 관습은 법이 되기도 하지만 처벌을 하는 형법에서는 용납되지 않는다. 명문의 규정이 있어야 범죄와 처벌이 있다. 그리고 어떤 행위를 했을 때 범죄가 아니었는데, 그 뒤에 처벌조항이 생겼다고 해서 처벌받지 않는데, 이를 소급효(거슬러 올라가서 처벌) 금지 원칙이라고 한다. 그리고 명확성의 원칙과 유추해석 금지의 원칙이 있다. 명확성의 원칙은 생각해 보면 너무 당연하다. 예를 들어 '상대의 기분을 나쁘게 하는 자는 3년 이하의 징역 또는 1천만 이하의 벌금에 처한다'라는 규정이 있다고 하자. 상대의 기분을 나쁘게 하는 것이 어떤 경우인지, 그리고 사람마다 다 성향과 성격이 다르고, 기분 나쁜 경우도 다른데 어떻게 알 수 있는지 불명확하다. 그러므로 이런 조항은 만들어지지 않는다. 그러나 인간의 언어 자체가 대부분 관념이어서 그리 명확한 것도 아니다. 절도의 객체로 '기타 관리할 수 있는 유체물'이란 표현을 기억해 보기 바란다. 돌, 흙, 바람, 바위 등처럼 명확하게 떠오르는 것은 아니란 생각이 들 것이다. '음란한'이란 어떤 가치까지 포함한 용어는 더욱 그럴 것이다. 하지만 '음란한'이란 표현하에 여러 가지 행위를 포괄할 수 있는 탄력성도 있어야 하기 때문에 그렇게 용어를 쓸 수밖에 없을 것이다. 아니면 일일이 모든 문란한 행위를 규정해야 하는 비경제적인 요인이 있기 때문이다.

그리고 유추해석 금지원칙이 있다. 이는 법률 개념을 지나치게 확장해석하는 등 유추해석하지 말고 엄격하게 해석해야 한다는 원칙이다.

죄형법정주의에 대한 형법총론은 형법뿐만 아니라 대부분 형사법에 적용되는 원칙이므로 이 부분에 대해서 명확하게 정리해두는 것이 시험이나 실무에 도움이 될 것이다. 그리고 '법, 법률, 법령, 법규…'에서 법규는 국민에 대한 구속력이 있는 법규범을 말하는데, 형사법들은 당연히 법규다. 법규는 행정규칙과 관련하여 경찰행정법에서 다시 한번 이야기하게 된다.

견제와 절차가 필요해

여러분이 어떤 사람과 갈등을 겪고 있거나, 어떤 사안에 대해서 분쟁이 생겼다고 가정하자. 그 사안을 꼭 해결하려는 것이 아니더라도 여러분의 불만이나 억울함을 토로할 사람이 주위에 아무도 없다면 어떨까 생각해 본다. 그리고 그 사안을 해결하기 위해 누군가 갈등을 조정해 주거나 정리해 줘야 하는데, 그 어떤 사람은 그 누군가를 마음대로 만날 수 있고, 여러분에게는 그런 기회가 주어지지 않거나 불평등한 기회만 있다면 어떨까 생각해 본다. 또한 어느날 갑자기 중재자가 나타나 어떤 사람의 말은 들었으니, 여러분의 생각을 말해 보라 해 놓고 어떤 일을 중재해버리고 그 결과에 승복하라고 하면 어떨까 생각해 본다. 아무런 불만이나 생각이 떠오르지 않는다면 여러분은 '법 없이 살 수 있는 사람'이므로 법학을 공부할 필요가 없다.

앞선 민주주의 이야기에서 권리장전 이야기를 했는데, 그 권리장전은 그리 많은 규정이 아니다. '의회의 동의를 거치지 않고 법률의 적용, 면제, 집행, 정지를 금지한다. 의회의 동의 없

는 과세, 평시의 상비군을 금지한다. 의회를 소집한다.' 등의
규정과 '선거의 자유, 의회 발언의 자유, 국민 청원권을 보장한
다. 왕위 계승자에서 로마 가톨릭교도를 배제한다.'라는 규정이
전부다.

 '의회를 소집해야 하고 의회가 동의해야' 국왕이 뭔가를 할
수 있다고 '절차'를 규정한 것이다. 곧 그 절차는 왕의 권력에
대한 '견제'가 되는 것이다. 법에는 이러한 절차를 규정하는 것
이 적지 않은데, 민사소송법, 형사소송법, 행정소송법 등 절차
란 말이 들어가지 않는 법이 있고, 행정절차법, 즉결심판에 관
한 절차법 등 절차란 말이 들어간 법이 있다. 형법 등 범죄와
처벌을 직접적으로 규정한 것을 실체법이라고 하고, 형사소송
법 등 형사소송의 절차를 규정한 법들은 절차법이라고 한다.
형법은 어떠한 행위가 범죄가 되고, 그 범죄를 어떻게 처벌하
는 것을 규정함으로써 형사 사법(司法)에 의한 정의 실현을 위
한 법이다. 형사소송법은 추상적인 형법을 구체적 사건에 적용
하여 국가의 형벌권을 실현하는 데에 대한 형사 사법의 정의
실현을 위한 법이다.

 형사소송법은 절차법으로 형법과 같은 논리적 전개보다는
필요한 절차를 기술하는 형식이므로 지루하다. 예를 들어 형사

소송법 제92조는 구속기간과 갱신에 대하여 "① 구속기간은 2개월로 한다. ② 제1항에도 불구하고 특히 구속을 계속할 필요가 있는 경우에는 심급마다 2개월 단위로 2차에 한하여 결정으로 갱신할 수 있다. 다만, 상소심은 피고인 또는 변호인이 신청한 증거의 조사, 상소이유를 보충하는 서면의 제출 등으로 추가 심리가 필요한 부득이한 경우에는 3차에 한하여 갱신할 수 있다."라고 규정하고 있다. 왜 구속기간이 2개월이어야 하는지, 또 왜 갱신할 때는 심급마다 2개월 단위로 2차에 한하여 할 수 있는지 논리적 이유가 없다. 그냥 그렇게 정한 것이다. 형사소송법의 대부분 내용이 그냥 그렇게 정한 것이다. 하지만 형사소송법의 원리 및 원칙은 그렇게 만들어져야 할 이유가 있었다. 이 이야기의 소제목처럼 여러분의 안녕을 위해, 그리고 억울함이 없도록 '견제'와 '절차'가 필요했기 때문이다. 그래서 그 필요성을 이해한다면 형사소송법의 원리 및 원칙은 쉽게 익힐 수 있다. 그 이야기의 시작이다.

형법과 그 외 각종 형사특별법, 그리고 형사소송법 등을 형사법(刑事法)이라고 한다. 입법, 행정, 사법(司法)이라고 할 때 사법[사법]과 공법, 사법(私法)이라고 할 때 사법[사뻡]은 발음뿐만 아니라 그 의미도 다르다. 사법(司法)은 법을 통해 시비를 가리는 사법이란 뜻이고, 사법(私法)은 개인 사이의 권리나 의무 관계를 규정한 법률로 민법, 상법 등이 있다. 꼬리를 밟아가는 법 이야기 속에서는 민법, 상법을 직접적으로 거론하지 않는다. 형법각론이나 경찰행정법에서 필요한 만큼만 거론될 것이다. 이미 형법에서 절도죄를 이야기할 때, 절도죄의 보호법익은 소유권과 점유권이고, 그 소유권과 점유권은 민법에 의해 판단될 수밖에 없음을 여러분은 알았을 것이다. 그러한 점들은 형법각론을 공부하면서 각 단락에서 사법(私法)과 관련된 법률용어로 설명되므로 따로 민법을 통 채로 공부할 수고는 하지 않아도 된다.

형사소송법의 원리와 원칙은 '시비를 가린다'에서 비롯된다. 여러분이 시비를 가릴 때는 이미 상대방과의 일이 일어난 뒤일 것이다. 여러분이 '사건'과 '사고'라고 어떤 일에 대해 호칭할 때 그 사건과 사고는 이미 일어난 일이다. 여러분은 자동차 사고가 나면 보험회사나 경찰관에게 신고를 한다. 누가 잘했는지 못했는지 판정해 달라는 의사다. 여기서 판정이 시비(是非: 옳고 그름)를 가리는 행위다. 이미 일어난 과거의 일을 두고 시비를 가리는 것은 만만하지 않다. 사건·사고는 고의 여부에 따라 구분되는데, 고의를 가진 것으로 보이면 사건, 고의가 없는 것으로 보이면 사고라 부른다. 사고는 주로 과실로 발생한다. 사건·사고라고 부를 때는 이미 그 사건·사고는 과거에 이미 발생한 사실이다. 이미 발생한 일이니 원상회복하거나 아무 일이 없었던 것처럼 될 리도 없다. 여기서 중요한 것은, 시비를 가려 누가 책임질 행위를 했는지를 알아내는 것이다. 그래야 처벌하든 손해배상의 책임을 지게 하든 해서 그나마 정의를 실현시킬 수 있기 때문이다. 이렇게 시비를 가리는 것을 형사소송법에서는 '실체적 진실 발견'이라고 한다.

'실체적 진실 발견'은 형사소송법의 이념이자 목적이기도 하다. 그렇게 된 사연은 이렇다. 과거에 일어난 일의 진실을 발견하는 사람, 즉 수사관(경찰), 기소관(검사), 재판관(판사)은 과거의 그 현장에 있지 않았음은 명백하다. 중세 시대에도 과거의 그 현장에 없었던 사람이 재판했을 것이다. 그 사람은 어떻게 과거 그 현장의 진실을 발견하여 재판했을까? 그 믿음의 세계에서는 재판도 합리적인 의심을 하면서 진실을 따져 보는 재판이 아니라 소위 '신명재판'을 하였다. 범죄의 혐의를 받는 사람에게 육체적 고통이나 시련을 가하고 그 결과에 따라 죄의 유무를 판단하여 재판의 결과는 신만이 알 수 있다고 주장하였으므로 신명재판(神明裁判)이라고 한 것이다. 소위 '마녀재판'이라고도 한다. 마녀로 지목된 사람을 물에 집어넣어 가라앉으면 무죄, 떠오르면 유죄라고 판정하는 식이다. 이후 이런 불합리한 재판에 배심원을 참여시켜서 진실에 가깝게 판정하려고 했으나, 역시 배심원들도 과거 그 현장에 있지 않던 사람들이었다. 우리나라의 중세라고 할 수 있는 조선에서는 의금부란 사법기관이 있었는데 오늘날 경찰, 검찰, 법원을 다 합해놓은 곳이다. "네 죄를 네가 알렸다!"란 사극의 대사처럼 고문을 불사하고 범죄를 추궁하는 것으로 과거 그 현장의 진실을 발견하였다. 서양도 중세 이후 근세 절대왕정 시대에 재판하는 법원이 있었는데 법원이 수사도 하고 심리·재판도 하는 제도였으니 조선보다 나을 것이 없었을 것이다. 이런 것을 규문주의라 하는데 프랑스대혁명 이후 사라졌다.

프랑스대혁명, 그렇다. 재판제도도 인권을 생각하는 민주주의의 이념과 함께 변하기 시작하였다. 민주주의는 권력을 분립시켜 권력기관끼리 서로 견제하게 하며, 누구나 알 수 있는 절차를 마련하여 권력기관이 어떤 과정으로 어떻게 판단하고 조치했는지를 알 수 있도록 감시하는 체제이다. 그 이전이 신이나 황제·왕 등 절대적으로 믿는 존재에 의해 모든 것이 결정되던 시대라면 민주주의는 사람을 믿지 않는 불신에서 모든 것이 시작된다. 그래서 근대 형사사법제도가 만들어지기 시작한 것이다. 이 이야기를 알고 나면 형사소송법의 이념, 목적, 원리, 원칙이 만들어지게 된 배경을 쉽게 알게 되고 전체 형사소송법을 이해하는 것이 쉬워진다.

공정하게 진짜 진실을 빨리 알려줘

여러분이 축구경기를 직접 관람하고 있다. 축구에 대한 전문가가 아니더라도 어느 팀이 골을 넣었는지, 어느 팀 누가 자책골을 넣었는지, 또한 어느 팀 누가 수비를 잘해서 골을 막았는지 즉시 알 수 있다. 만약 그 경기가 여러분이 보지 않는 곳에서 이루어졌다면 그 경기에 대해서 아무것도 모를 것이다. 누군가 그 경기에 대해 이야기를 해주더라도 다 믿을 수는 없을 것이다. 그 이유는 과거 그 현장에 있지 않았기 때문이다. 그래서 그 경기를 본 사람이 있다면 그 사람을 상대로, 그리고 그 경기에 참여했던 사람을 상대로 그 경기의 진실을 발견하고자 할 것이다. 일개 축구경기에 그러한 진실 발견의 의욕이나 동기는 없겠지만 그것이 범죄라면 의욕이나 동기가 없더라도 진실을 발견해야 한다.

진실은 한 사람 말만 들어서는 왜곡되거나 거짓이기 쉽다. 그래서 그 진실을 파고드는 사람들부터 서로 다른 권력을 가진 사람으로 구성한다. 수사는 경찰이, 그 수사한 결과를 잘 살펴보고 그중에서 진실인 것만을 기소하는 것은 검찰이, 그 기소에 대해 판사가 심리·재판을 하되 검사와 변호사가 서로 대적하도록 하여 판사가 어느 한쪽의 진실에만 치우치지 않도록 한다. 필요하면 배심원이 판사와 함께 판단하도록 한다. 한 번의 재판으로 끝내는 것이 아니라 세 번의 재판을 하고, 어느 경우에는 다시 재판(재심)하도록 한다. 범인이 자백하더라도 고문받는 등의 사정이 있을 수 있으므로 믿지 않는다. 직접 경험하지 않고 누가 한 말을 전한 말도 믿지 않는다. 의심스러울 때는 차라리 범인에게 유리한 판단을 한다. 모든 것은 증거에 의해 판단하고 위법적으로 수집된 증거는 인정하지 않는다. 그리고 이러한 진실을 발견하는 데 너무 늦으면 안 된다. '지체된 정의는 정의의 부정'(Justice delayed is justice denied)이라는 법언(法諺)이 있듯이 그래서 재판은 신속해야 한다.

이 이야기 속에 형사소송법의 이념과 목적이 다 들어 있다. 진짜 진실은 '실체적 진실'이고 그것을 발견하는 데 공정한 절차, 즉 적정절차가 있어야 하며, 그것이 빨리 진행되어야 한다는 것이다. 과거 그 현장에 없던 사람이 진짜 진실을 어떻게 빨리 발견할 수 있으며, 빨리 발견하라면서 어떻게 적정절차를 다 거쳐야 하는지에 대해 이 이념과 목적은 상호 갈등관계다. 형사소송법의 이념과 목적에 따라 파생되는 각종 원리와 원칙

을 알게 되고, 그리고 그 갈등관계를 어떻게 해결해 나가는가
에 대한 의문과 그 해결이 바로 형사소송법 총론의 내용이다.
시험과 실무에서 중요하니 촘촘히 공부해나가야 하는 부분이다.

헌법과 형사소송법

여러분의 자유와 권리를 보호하기 위해 헌법이 만들어졌고, 여러분의 범죄로부터의 안녕을 위해 형법이 만들어졌다. 여러분을 해친 범인을 단죄하기 위하여, 또 한편으로는 여러분이 억울한 처벌을 받지 않기 위해 형사소송법이 만들어졌다. 그러므로 헌법과 형사소송법은 연결되어 있을 수밖에 없다.

헌법 제12조 ① 모든 국민은 신체의 **자유**를 가진다. 누구든지 **법률에 의하지 아니하고는** 체포·구속·압수·수색 또는 심문을 받지 아니하며, **법률과 적법한 절차에 의하지 아니하고는** 처벌·보안처분 또는 강제노역을 받지 아니한다.(형사절차법정주의, 적법·적정 절차의 원리)

② 모든 국민은 **고문**을 받지 아니하며, 형사상 자기에게 **불리한 진술**을 강요당하지 아니한다.(고문금지와 불이익진술거부권)

③ 체포·구속·압수 또는 수색을 할 때에는 적법한 절차에 따라 검사의 신청에 의하여 법관이 발부한 **영장**을 제

시하여야 한다. 다만, 현행범인인 경우와 장기 3년 이상의 형에 해당하는 죄를 범하고 도피 또는 증거인멸의 염려가 있을 때에는 **사후에 영장**을 청구할 수 있다.(신체에 대한 영장주의와 사후영장)

④ 누구든지 체포 또는 구속을 당한 때에는 즉시 **변호인의 조력을 받을 권리**를 가진다. 다만, 형사피고인이 스스로 변호인을 구할 수 없을 때에는 법률이 정하는 바에 의하여 **국가가 변호인을 붙인다.**(변호인과 국선변호인 조력)

⑤ 누구든지 체포 또는 구속의 이유와 변호인의 조력을 받을 권리가 있음을 **고지**받지 아니하고는 체포 또는 구속을 당하지 아니한다. 체포 또는 구속을 당한 자의 가족 등 법률이 정하는 자에게는 그 이유와 일시·장소가 지체없이 **통지**되어야 한다.(미란다원칙, 구속사유 등의 가족통지 의무)

⑥ 누구든지 체포 또는 구속을 당한 때에는 **적부의 심사**를 법원에 청구할 권리를 가진다.(체포·구속 적부심사청구권)

⑦ 피고인의 자백이 고문·폭행·협박·구속의 부당한 장기화 또는 기망 기타의 방법에 의하여 자의로 진술된 것이 아니라고 인정될 때 또는 정식재판에 있어서 **피고인의 자백이 그에게 불리한 유일한 증거일 때**에는 이를 유죄의

증거로 삼거나 이를 이유로 처벌할 수 없다.(자백배제법칙과 자백보강법칙)

헌법 제13조 ① 모든 국민은 행위시의 법률에 의하여 범죄를 구성하지 아니하는 행위로 소추되지 아니하며, 동일한 범죄에 대하여 **거듭 처벌받지 아니한다.**(일사부재리원칙)

헌법 제16조 모든 국민은 주거의 자유를 침해받지 아니한다. 주거에 대한 압수나 수색을 할 때에는 검사의 신청에 의하여 법관이 발부한 **영장**을 제시하여야 한다.(주거에 대한 압수수색 영장주의)

헌법 제27조 ① 모든 국민은 헌법과 법률이 정한 법관에 의하여 법률에 의한 **재판을 받을 권리**를 가진다.(약식명령 등에 대한 정식재판청구권)

② 군인 또는 군무원이 아닌 국민은 대한민국의 영역 안에서는 중대한 군사상 기밀·초병·초소·유독음식물공급·포로·군용물에 관한 죄 중 법률이 정한 경우와 비상계엄이 선포된 경우를 제외하고는 **군사법원의 재판을 받지 아니한다.**

③ 모든 국민은 **신속한 재판을 받을 권리**를 가진다. 형사피고인은 상당한 이유가 없는 한 **지체없이 공개재판을 받을 권리**를 가진다.(신속한 공개재판의 원칙)

④ 형사피고인은 유죄의 판결이 확정될 때까지는 **무죄로 추정**된다.(무죄추정원칙)

⑤ **형사피해자**는 법률이 정하는 바에 의하여 당해 사건의 **재판절차에서 진술**할 수 있다.(피해자 법정진술권)

헌법 제28조 형사피의자 또는 형사피고인으로서 구금되었던 자가 법률이 정하는 불기소처분을 받거나 무죄판결을 받은 때에는 법률이 정하는 바에 의하여 국가에 **정당한 보상을 청구**할 수 있다.(형사보상청구권)

헌법 제37조 ② 국민의 모든 자유와 권리는 국가안전보장 · 질서유지 또는 공공복리를 위하여 **필요한 경우에 한하여** 법률로써 제한할 수 있으며, 제한하는 경우에도 자유와 권리의 **본질적인 내용을 침해할 수 없다.**(과잉금지의 원칙)

헌법 제44조 ① **국회의원**은 현행범인인 경우를 제외하고는 회기 중 국회의 동의 없이 체포 또는 구금되지 아니한다. (국회의원의 불체포특권)

② 국회의원이 회기 전에 체포 또는 구금된 때에는 현행범인이 아닌 한 국회의 요구가 있으면 회기 중 석방된다.

헌법 제45조 국회의원은 국회에서 직무상 행한 발언과 표결에 관하여 국회외에서 책임을 지지 아니한다. (면책특권)

헌법 제84조 대통령은 내란 또는 외환의 죄를 범한 경우를

제외하고는 재직중 형사상의 소추를 받지 아니한다. (대통령의 형사소추상의 특권)

헌법 제101조부터 제108조까지는 **법원**의 조직과 권한에 대하여 규정하고 있는데, 이에 따라 형사소송법의 관련 내용이 세부적으로 정해진다. ① 사법권은 법관으로 구성된 법원에 속한다. 국회의원, 대통령과 같은 특권으로 제106조에 '법관은 탄핵 또는 금고 이상의 형의 선고에 의하지 아니하고는 파면되지 아니하며, 징계처분에 의하지 아니하고는 정직·감봉 기타 불리한 처분을 받지 아니한다.'라고 규정하고 있다.

헌법 제109조 재판의 심리와 판결은 **공개**한다. 다만, 심리는 국가의 안전보장 또는 안녕질서를 방해하거나 선량한 풍속을 해할 염려가 있을 때에는 법원의 결정으로 공개하지 아니할 수 있다.(재판 공개의 원칙)

형사소송에 관한 헌법 규정은 그 자체가 재판규범이 되는 것을 알 수 있다. 그리고 나머지 부분에 대해서 세부적으로 규정해 나가는 것이 형사소송법이다. 형사소송법은 절차법이기에 대부분 무미건조한 절차에 관한 기술이 대부분이다. 그 절차를 따로 끊어서 공부하는 것보다 형사소송법의 이념과 목적, 즉 실체적 진실 발견, 적정절차, 신속한 재판을 조화롭게 풀어내기 위한 기술이라고 연결하여 생각하고 공부하면 훨씬 이해하고 기억하기 쉽다. 가령 어떤 절차는 구두(입)로 진행하고, 어떤 절차는 왜 서면으로 해 두었을까 하는 의문이 들 때가 있다. 그러면 실체적 진실 발견에는 구두로 하는 것이 중간에 의사표시가 왜곡될 여지가 적다는 점과 적정절차를 진행하기 위해서는 확실한 서면이 필요하겠다는 점을 인식하면 훨씬 잘 이해하고 기억하기 쉬울 것이다.

형사소송법을 운용하는 권력은 입법, 행정, 사법의 3권 중 사법이다. 그러므로 형사소송법은 법원에 관한 규정들이 먼저 앞서고, 수사에 관한 규정, 그 다음에 공소에 관한 규정들이 나온다. 사법작용에 일조를 하지만 수사·공소를 맡는 경찰과 검찰은 행정의 기관들이기 때문이다. 검찰이 가끔 '준사법기관'이라고 자칭하는데 그 말은 사법기관은 아니란 뜻이다. 경찰과 검찰의 각종 행위는 행정법상 '처분'과 동일하다. 단지 그 처분에 대한 불복을 형사소송법 제417조에서 '검사 또는 사법경찰관의 구금, 압수 또는 압수물의 환부에 관한 처분과 제243조의 2에 따른 변호인의 참여 등에 관한 처분에 대하여 불복이 있으면 그 직무집행지의 관할법원 또는 검사의 소속검찰청에 대응한 법원에 그 처분의 취소 또는 변경을 청구할 수 있다.'고 규정하고 있을 뿐이다. 형사소송법 공부는 수사, 공소, 재판 순으로 공부하는 것이 여러분에겐 현실적일 것이다.

수사와 내사

보통 어린아이들은 경찰이라고 하면 '도둑을 잡는다'라는 말을 떠올린다. 도둑을 잡는 것이 수사다. 경찰법 이야기를 여기까지 따라온 여러분은 조금 더 공부를 하여 "불법영득의 의사를 가지고, 타인의 소유나 점유의 대상이 된 재물을 점유자의 의사에 반하여 그 점유를 배제하고 자기 또는 제3자가 점유를 취득한 절도범을 찾아내고 그것을 입증하는 것이 수사다"라고 생각할 수 있어야 한다. 발생한 절도의 실체적 진실을 찾아가는 것이 형사소송법의 절차이고, 수사도 그 절차의 일부분이다.

형사소송법 제196조(검사의 수사) "검사는 범죄의 혐의가 있다고 사료하는 때에는 범인, 범죄사실과 증거를 수사한다." 제197조(사법경찰관리) "① 경무관, 총경, 경정, 경감, 경위는 사법경찰관으로서 범죄의 혐의가 있다고 사료하는 때에는 범인, 범죄사실과 증거를 수사한다." 사법경찰관리와 검사는 범죄의 혐의가 있다고 생각될 때는 범인, 범죄사실과 증거, 즉 실체적 진실을 수사하여야 한다. 수사하면 경찰을 떠올리지만, 사실은 사법경찰관리는 경찰 외에도 많은 기관에 존재한다. 「사법경찰관리의 직무를 수행할 자와 그 직무범위에 관한 법률(약칭: 사법경찰직무법)」에서는 교정기관, 출입국관리기관, 산림청과 부속기관 등등 정부기관 곳곳에 사법경찰관리를 둘 수 있도록 하고 있다. 정부기관 사법경찰관리의 관할은 해당 업무와 관련된 특별법과 관계된 것이 대부분인 점이 경찰의 사법경찰관리와 다른 점이다. 사법경찰직무법을 한번 살펴보면 이해가 될 것이다.

범죄의 혐의가 있다고 생각하면 수사가 개시된다. 그런데 범죄의 혐의가 확인되지 않은 단계에서 범죄의 혐의를 확인하는 활동이 있을 수 있다. 예를 들어 어떤 주식회사 대표가 공금을 횡령한다는 소문(첩보)을 들었으면 그것이 어느 정도 사실인지 확인하는 활동을 말한다. 이런 것을 내사라고 하고 그때까지 범죄혐의의 의심이 드는 자를 용의자(피내사자)라고 한다. 용의자의 혐의가 어느 정도 확인되면 입건(立件)하여 수사 개시를 하게 되고 형사소송법의 절차가 엄격하게 요구된다. 그런데 내사와 수사의 경계선은 모호하다. 수사에 대한 정의를 보통 '수사기관이 범죄혐의 유무를 명백히 하여 **공소제기와 유지여부를 결정**하기 위하여 범죄사실을 조사하고 범인 및 증거를 발견, 수집, 보전하는 활동'이라고 하는데, 내사 단계에서 하는 활동도 그리 다르지 않다. 그러므로 내사 단계에서 수사기관의 일탈이나 불법행위들을 어떻게 통제할 것인지 문제된다. 여러분이 회사를 경영하는데 여러분도 모르는 사이에 미행을 당하거나 수사관이 여러분 주변에 이것저것 묻고 다닌다면 여러분의 기분은 별로일 것이다. 기분뿐만 아니라 만약 이것저것 묻고 다니는 바람에 여러분에 대한 명예나 신용도가 훼손된다면 사업상 불이익도 입을 수 있다. 형사소송법학을 연구하는 학자들이 이런 내사에 대한 통제 방안을 많이 연구하였으나, 형사소송법은 수사 개시 이후란 한계에 부딪혀 뚜렷한 해결방안을 내놓지 못하고 있다. 글쓴이의 생각으로는 이 문제는 앞으로 공부하게 될 경찰행정법상의 정보의 발견, 수집, 보전 문제로 풀 수밖에 없다고 생각한다. 이는 기회가 되면 경찰행정법을 본격적으로 이야기할 때 다시 한번 살펴보도록 한다.

수사기관이 주관적으로(즉 수사기관의 판단에 따라) 범죄혐의가 있다고 생각하면 수사는 개시된다. 그러나 민주법치국가에서 인권 제한적인 처분을 할 수 있는 수사기관의 판단에만 맡겨둘 리가 없다. 그러므로 수사의 조건은 수사의 필요성이 있어야 하고, 필요하더라도 상당한 방법으로 해야 한다는 원칙을 두고 있다. 필요성은 수사의 목적을 달성하기 위한 것이어야 한다. 수사의 목적은 '공소제기와 유지를 결정'하기 위해서이다. 아예 공소제기의 가능성이 없을 때는 수사의 필요성이 부정된다. 공소제기의 가능성이 없는 경우란 소송조건이 충족되지 않았을 때다. 재판권이나 관할권이 없다면 당연히 소송조건이 없는 경우인데, 예를 들면 미국에서 살인을 저지른 미국인을 한국에서 공소를 제기할 수 없는 것과 같다. 특수한 소송조건으로 '친고죄'가 있는데 친고죄에서 '고소'는 소송조건이므로 고소가 없으면 공소를 제기할 수 없고, 그러므로 수사의 필요성이 없어 수사를 개시하지 못하는 것이 원칙이다. 그런데 현실적으로 소송조건인 '고소나 고발' 없이도 수사를 개시하는 경우가 있다. 소송조건은 공소제기 시 있어야 하므로, 또한 수사는 공소제기 여부 및 유지를 결정하는 목적으로 진행하는 것이므로 고소·고발의 가능성이 있다면 그 수사는 위법하지 않다고 판례는 설명하고 있다. 고소·고발 기간이 지났거나, 고소·고발인이 고소·고발 의사가 없다고 명백히 밝힌 경우다. 여기서 고발은 보통 자기가 피해자가 아니면서도 범죄를 신고하는 것으로 보통 고발은 공소제기 요건에 해당되지 않는다. 다만 조세범처벌법에서는 세무종사 공무원의 고발을 공소제기의 요건으로 하는데 이럴 때 고발을 의미한다.

실무적으로 자주 혼동을 하는 문제가 있다. 초등학교 1학년 학생이 아파트 옥상에서 야구공을 밑으로 던졌는데, 지나가는 행인이 크게 다친 사건이 발생했다. 경찰이 탐문하고 CCTV를 분석하여 그 학생을 특정하고 도대체 왜 그렇게 했는지를 밝히고자 그 학생의 집을 방문했는데, 그 아버지는 아이가 형사미성년자로 범죄가 성립되지 않는다는 이유로 임의수사도 거부하였다. 여기서 범죄가 성립되지 않는다는 것은 범죄의 성립조건이 안된다는 것이다. 이와 구별되는 것이 처벌조건과 소추조건(소송조건)이 있는데 처벌조건은 형법 제129조 제2항의 사전수뢰죄에 있어 '공무원 또는 중재인이 된 사실'과 같은 객관적 처벌조건과 이미 이야기한 친족상도례와 같이 인적처벌조건이 있다. 그리고 소추조건은 앞에서 이야기하였다. 앞의 형사미성년자에 대한 임의수사 가능 여부를 생각하면서 범죄성립요건, 처벌조건, 소추조건을 익혀 둘 필요가 있다. 이 사례에 대해 실무적으로 범죄성립요건이 충족되지 않아서 임의수사도 불가능하다는 인식이 있다. 그러나 소추조건조차도 최종적으로 심의됨을 생각하면 그 이전의 범죄성립요건이나 처벌조건도 그것이 명백하게 될 때까지는 수사를 개시하고 진행할 수 있다고 보여진다. 14세 미만의 형사미성년자도 소년법에 따라 법원 소년부의 보호사건으로 심리하고, 경찰서장은 직접 관할 소년부에 송치(送致)하여야 한다(소년법 제4조 제2항). 소년법 제5조는 "소년 보호사건을 송치하는 경우에는 송치서에 사건 본인의 주거·성명·생년월일 및 행위의 개요와 가정 상황을 적고, 그 밖의 참고자료를 첨부하여야 한다."고 규정하고 있기 때문에 경찰이 수사를 하지 않을 수 없다.

이 지점에서 우리는 수사의 정의를 다시 한번 음미해 볼 필요가 있다. 수사의 목적이 '공소제기와 유지를 결정'하기 위해서만일까? 소년부 보호사건으로 법원으로 송치하기 위해서도 수사가 필요하다. 소년부에서는 형사미성년자에 대해 동행영장 등 강제수사까지도 하고 있다. 그리고 공소시효의 완성은 소추조건의 결여임에도 불구하고 공소시효가 완성된 사건도 수사를 하고 있는 것이 현실이다. 결과적으로 성년자의 실종사건도 무단가출이란 실체적 진실을 밝힐 때까지는 국가 즉 경찰이 수사해주기를 바라는 국민 법감정도 있다. 수사의 필요성이 굳이 '공소제기와 유지를 결정'하기 위해서란 기존의 정의는 재검토될 필요성이 있다. 국가의 권력 남용을 견제하기 위한 장치로 수사의 필요성과 상당성이 제시되고 있을 뿐이지, 법과 법이론은 필요에 따라 만들어진 것이지 원래부터 그렇게 존재하지 않았다는 사실을 기억해야 한다. 상당성은 '함정수사와 같은 수사방법이 인정되는가'라는 등의 신의칙의 원칙과 비례의 원칙을 따져 보는 것이다. 이러한 수사의 조건을 위반한 수사는 위법하고 위법수집 증거는 증거능력이 배제되고, 위법수사를 한 수사기관은 직권남용죄의 형사책임과 국가배상의 책임을 지게 된다. 앞 사례와 수사 개시에 대한 생각을 정리해 두면 기억하기 쉬울 것이다.

견제와 균형

우리는 우리의 안녕을 위해 국가가 일해 주라고 요구할 권리를 가졌으며, 국가가 아무리 우리의 안녕을 위해 일을 한다 해도 우리의 자유와 권리를 함부로 침해하지 않기를 바란다. 그래서 헌법에 그런 취지의 명문 규정이 마련되었고, 그 보장을 위해 권력을 분립시켜 권력기관이 서로 견제하여 균형을 이루도록 하였다. 이 이야기는 헌법을 이야기하면서 한 이야기다.

국가 형벌권도 마찬가지다. 죄지은 놈이 처벌받는 것은 당연하고 그래야 다시는 죄지을 생각을 하지 못하도록 해서 우리의 안녕에 위험이 되지 않도록 해야 하는 것도 당연하다. 그런데 우리는 절대 믿음의 세계에서 국가 형벌권이 억울한 사람을 만들어내는 이야기를 들었다. 그래서 민주법치국가에서는 국가 형벌권도 그 권한을 가진 기관들을 분립하여 서로 견제하면서도 균형을 이루도록 하였다. 현재 수사기관은 검사, 사법경찰관리 그리고 고위공직자범죄수사처가 있다. 사법경찰관리는 일반사법경찰관리, 즉 경찰로 불리는 사람과 검찰청 직원인 사법경찰관리, 그리고 정부 각 기관에 있는 특별사법경찰관리가 있다. 이렇게 나누어 놓은 것도 어느 한 기관에 권력을 집중시키지 않고 상호 견제하도록 한 것이다.

그런데 얼마 전까지는 검사에게 이들 수사기관에 대한 지휘·감독권이 있었다. 사인(私人)이 소추하는 제도를 인정하지 않고 국가소추주의를 택한 우리나라는 검사만이 사적인 감정개입 없이 객관적으로 소추 여부를 결정할 수 있도록 하는 기소독점주의와 기소편의주의를 채택하고 있다. 피의자와 경찰이 수사 과정에서 서로 유무죄를 다투게 되고, 그것에 대해 객관적으로 판단하여 기소 여부를 결정하는 것이 검사이다. 피의자와 경찰이 다투고 있는데, 이에 대한 심판의 역할을 하는 것과 같다. 여러분은 심판이 어느 한 편의 코치 역할까지 한다면 그 심판을 공정하다고 생각할 수 있는가? 검사가 수사기관에 대해 코치(지휘·감독)하고 나서 기소(심판)를 한다면 코치 받는 수사기관의 실수나 오류는 곧 검사의 실수나 오류가 된다. 이런 구조에서의 피의자로서는 제대로 된 심판을 기대하지 못할 것이다. 상대팀의 코치가 곧 심판이기 때문이다. 그래서 형사소송법의 최근 개정에서는 검사의 일반 사법경찰관리에 대한 지휘·감독권을 없앴다. 단지 심판의 역할에 더 충실하도록 경찰의 실수나 오류에 대해서 보완 수사나 시정조치 등을 요구할 수 있도록 하였다. 일차적 수사권과 수사종결권을 가지게 된 경찰에 대한 견제다. 그리고 검사가 사법경찰관이 신청한 영장을 정당한 이유 없이 판사에게 청구하지 아니한 경우에 대해 그 상급 기관에 심의를 신청할 수 있도록 한 것은 검사에 대한 경찰의 견제라고 볼 수 있다.

그러나 특별사법경찰관리에 대해서는 이러한 견제와 균형 장치를 두지 않고 여전히 지휘권을 두고 있다. 견제와 균형을 위한 상호협력관계는 일반 사법경찰관, 즉 경찰과 검사에만 인정된다. 이에 대해 여러분의 생각이 깔끔하게 정리되지 않는 이유는 권력의 속성 때문이다. 절대왕정에서 민주주의로 넘어오는 과정에서도 권력은 그 기득권을 지키기 위해 안간힘을 썼다. 여러분의 자유와 권리가 신장되는 과정에서도 권력은 그 기득권을 지키려 했다. 선거권도 프랑스대혁명 이후에도 세금 내는 사람만 가지도록 했다. 나중에 가난한 사람에게도 선거권을 주지만 일반 남자만 해당한다. 그리고 여성이 선거권을 가지게 된 것은 영국에서 1928년이 처음이다. 1789년에서 1928년, 거의 150년도 넘는 기간의 투쟁 덕분이었다. 여전히 검사는 일부 사건에 대한 직접 수사권을 가지고 있고, 수사·기소·형벌의 집행까지 견제되지 않는 권한을 가지고 있다. 검사가 기소

되고 처벌받는 경우가 없지는 않으나, 검사동일체의 한 기관에서 벌어지는 일을 국민이 다 감시하기엔 역부족이다. 그래서 다른 고위직과 마찬가지로 검사를 수사할 수 있는 기관으로 만든 것이 바로 고위공직자범죄수사처이다. 그리고 검사의 수사 절차 모든 단계에서 공소제기 여부와 관련된 사실관계를 분명히 하기 위하여, 필요한 경우 수사 절차에 참여하게 하고 자문을 듣는 특정 분야의 전문가로 '전문수사자문위원'을 두고 있는 것은 검사 스스로를 견제하는 제도다. 이 모든 것은 진행형이다. 최근 급격한 변화가 일어난 부분으로 시험에 들게 할 가능성이 매우 높다. 여러분, 혹은 여러분의 후손이 살아야 할 세상이 어떻게 되어야 하는가 하는 생각과 함께 공부해 두길 바란다.

숨바꼭질과 술래잡기

여러분은 글쓴이와 세대는 다르지만, 어릴 적 숨바꼭질이나 술래잡기 놀이를 했을 것이다. 수사도 이 놀이와 크게 다르지 않다. 어디 숨어있는지 모르는 사람을 술래가 여러 가지 단서를 활용하여 찾아내고, 특정한 사람이 도망치면 추적하여 잡는 것이 수사다. 다르다면 놀이가 놀이를 위해 그냥 숨거나 도망치지만 수사는 대상이 왜 숨었는지까지 알아내어야 한다. 그리고 놀이는 간단한 규칙에 의해 놀이가 시작되지만 수사는 다양한 단서에 의해 시작된다. 이렇게 수사기관이 범죄혐의가 있다고 판단하여 수사를 개시하게 되는 원인을 수사의 단서라고 한다.

영화나 드라마를 보면 가장 흔한 수사의 시작은 죽은 사람이 발견되는 것이다. 이때 죽은 사람을 변사자라고 한다. 변사(變死)는 확실한 원인이 없는 경우의 사망을 이른다. 자연사(수명이 다해 죽음)나 병사(病死)가 아니라 외부에서 가해진 원인, 즉 외인사로 사망한 것으로 추정되는 사람은 모두 변사자이다. 이 중 산업재해로 사망한 경우 등과 같이 명백히 범죄로 인한 죽음이 아닌 경우는 행정검시로, 범죄의 의심이 있으면 사법검시를 한다. 이러한 변사자의 검시가 흔히 수사의 단서가 된다. 이와 같이 수사기관이 직접 범죄사실을 인지함으로써 수사의 단서를 갖게 되는 경우를 자율적 단서라 하고, 이에는 불심검문, 현행범인의 체포, 여죄 발견, 언론보도나 풍설의 존재 등이 있다.

그리고 여러분도 익숙한 법률용어인 고소, 고발, 진정·투서·탄원, 범죄 신고 등이 수사기관 외의 사람들이 제기하는 단서들이다. 여기엔 자수도 포함되고, 다른 수사기관이 사건을 이첩하는 경우에 생기는 단서들이다. 고소는 피해자나 피해자와 일정한 관계에 있는 고소권자가 범죄사실을 신고하여 범인의 처벌을 구하는 의사표시를 말하고, 고발은 고소권자와 범인이외의 제3자가 수사기관에 대하여 범죄사실을 신고하여 범인의 처벌을 구하는 의사표시이다. 보통 이러한 타율적 단서에 의한 수사의 개시는 술래잡기와 비슷하다. 누구인지 알고 추적하는 경우가 대부분이다. 그러나 그 누군가를 명확하게 특정할수 없어도 가능하다.

고소·고발은 수사의 단서로서 수사가 시작되면 그 피고소·피고발인은 죄가 있든 없든 고통을 당할 수밖에 없다. 반복하지만 형사소송법의 세계는 견제와 균형이다. 그래서 고소에 대해서는 그 개념, 친고죄와 반의사불벌죄의 엄격한 구분, 고소권자의 특정, 고소의 절차, 고소 가능한 고소기간, 고소 사건의 처리 방법과 기간, 고소의 효력, 고소의 취소와 제한, 취소의 시한과 효과 등에 대한 규정이 중요하다. 그리고 고발에 대해서는 일반 고발과 필요적 고발을 구분하여야 하고, 필요적 고발, 즉 전속고발은 소송조건이 되므로 자세하게 파악해 두어야 한다. 고발은 누구든지 할 수 있지만 공무원은 직무수행과 관련하여 범죄가 있다고 생각되면 고발의무를 지는 점에 유의해야 한다. 고소와 거의 비슷하지만 고소와 달리 대리 고발이 인정되지도 고발 기간도 제한이 없다는 점은 고발의 속성을 생각해 보면 쉽게 알 수 있다.

이외의 수사단서로는 자수와 직무질문(불심검문)이 있는데, 직무질문은 우리가 나중에 이야기할 경찰행정법과 관련되어 있고, 동시에 범죄의 단서로 형사소송법과도 연결되어 있는 영역이다. 형사소송법에서 설명하는 방식은 주로 형사법학자들이 중요하게 생각하는 '영장주의' 입장에서 설명하는 방식이다. 경찰관이 거동불심자(거동이 의심스러운 자)를 정지시켜 질문할 수 있다는 경찰관직무집행법의 명확한 수권규정이 있음에도 불구하고, 정지시키는 데 강제력을 쓸 수 있느냐는 것에 크게 의견이 갈린다. 정지요구에 불응하거나 질문 도중에 떠나는 경우, 신체 구속은 금지되지만(경찰관직무집행법 제3조 7항), '강제에 이르지 않는 정도의 유형력의 행사'(가로막거나 옷을 잡는 행위)가 허용되는지 여부에 대한 논의가 다양하다.

여기서 형사법과 경찰행정법의 커다란 시각차가 존재한다. 형사법에서 강제란 체포·구속·수색·검증 등을 말한다. 경찰행정법에서의 강제란 의무위반이 있으면 어떻게든 강제하여 그 의무를 이행하도록 한다. 과태료 등의 간접강제가 있고 물건이나 사람에 대한 직접적인 강제가 있다. 그 직접강제는 체포·구속과 같은 자유 전체를 박탈하는 것이 아니라, 출입을 금지하며 막아서는 행위, 손을 잡아 안전한 곳으로 데려오는 행위 등의 부드러운 행위부터 제압·보호조치 등의 강한 행위 등 그 스펙트럼이 넓다. 이러한 면을 살피지 못한 형사법학자들은 '강제에 이르지 않는 정도의 유형력 행사'라는 관념을 만들어 냈는데, 유형력 행사는 경찰행정법에서는 상대방의 의사에 반하는 강제력 행사일 뿐이다. 학설은 다양하나, 현재 판례로는 범행의 경중, 범행과의 관련성, 상황의 긴박성, 혐의의 정도, 질문의 필요성 등에 비추어 그 목적 달성에 필요한 최소한의 범위 내에서 사회통념상 용인될 수 있는 상당한 방법으로 그 대상자를 정지시킬 수 있다는 입장이다. 위험을 방지한다고 하면 당연한 말에 불과하다.

숨바꼭질과 술래잡기 2

여러분이 숨바꼭질과 술래잡기를 한다면 그 놀이가 최대의 긴장을 유지하면서 재미있도록 규칙과 상황을 정할 것이다. 숨을 곳이 하나 없는 장소에서 하지도 않을 것이며, 술래에게 음파 감지기 등 쉽게 찾을 수 있도록 도와주는 기기를 주지도 않을 것이다. 술래잡기를 하면서 또래보다 훨씬 더 힘도 세고 빠른 사람을 끼워주지도 않을 것이다. 수사의 방법도 마찬가지다. 단지 수사는 재미를 위해서 그런 것이 아니라, '실체적 진실의 효율적 발견'과 '억울한 수사와 처벌의 억제'란 두 마리 토끼를 다 쫓기 위해서라고 생각하면 된다.

"꼭꼭 숨어라. 머리카락 보일라." 술래는 빨리 찾아야 이기는데도 불구하고 이렇게 경고하는 것으로 놀이를 시작한다. 술래는 찾는 데 지치면 욕먹고 그만두면 그만이지만, 수사기관은 범죄혐의가 인정되면 수사를 개시하고 진행해야 할 의무를 진다(형사소송법 제195조, 제196조 2항). 이를 수사강제주의라고 한다. 수사는 강제적으로 개시·진행해야 하지만 그 방법은 임의적이 원칙이다. 임의수사는 강제력을 행사하지 않고 상대방의 동의·승낙을 받아서 행하는 수사를 말한다. 실체적 진실을 발견하는 데는 비효율적이다. 하지만 강제수사로 일관하면 자칫 억울한 사람이 생길 수 있기 때문이다. 이러한 이야기는 이미 앞에서 헌법상 비례의 원칙과 수사·기소·재판에 관한 헌법 규정을 살펴본 바 있다. 국가가 어떤 목적을 실현할 때도 필요 최소한의 수단부터 먼저 강구해야 한다는 헌법적 원칙에 의해 수사의 방법이 정해지는 것이다. 그래서 범인이 밝혀졌더라도 불구속수사가 원칙이다.

이렇게 수사기관이 허약하면 피의자와 수사기관 간의 팽팽한 긴장감이 유지될 수 없다. 그래서 수사기관에는 법적으로 인정되는 강력한 권한을 주었다. 바로 체포·구속·압수·수색과 같은 상대방의 의사와 상관없이 강제적으로 행하는 수사, 즉 강제수사다. 강제수사는 법원이 관여하게 만드는 '영장에 의한 강제수사'와 불가피하게 영장 없이 하는 강제수사가 있다. 그 시점에 영장이 없더라도 사후에 영장을 받도록 하는 제도가 많다. 이러한 이야기는 나중에 필요한 부분에서 다시 이야기하도록 한다.

늘 우리를 시험에 들게 하는 것은 임의수사와 강제수사의 한계 영역에 있는 문제들이다. '임의수사와 강제수사를 어떻게 구분하느냐'부터 학설의 대립이 있다. 여러분은 거리에서 사진을 찍으면서 우연히 카메라 앵글 속에 들어 온 사람들에게 일일이 동의나 승낙을 받지 않을 것이고, 또한 모두의 동의나 승낙은 불가능에 가깝다. 그런데 어떤 사람 또는 사람들을 특정해서 찍는다면 동의나 승낙은 예의의 문제일 것이다. 그러나 그러한 동의나 승낙을 받지 않고 무단으로 촬영한다면 상대방의 항의를 받을 수도 있다. 특정 부위를 촬영하면 형사처벌을 받을 수 있다. 그런데 형사법에서의 사진 촬영은 예의나 항의의 문제가 아니라 위법과 증거능력 부정이란 효과를 발생시킨다. 강제수사로 원칙적으로 영장이 필요한 경우지만, 때에 따라서는 영장 없이 촬영된 것도 적법하다고 판단하기도 한다. 촬영 당시 범행이 이루어지고 있거나 그 직후인 경우 증거보전의 필요성과 긴급성이 인정되는 경우일 것이다.

판례는 사안에 따라 각기 다르게, 즉 필요성과 상당성 등을 따져 판단하는데, 이러한 추세에 대해 유의해야 한다. 판례는 상대방의 의사에 반하여 강제력을 행사하는 처분을 강제수사라고 본다고 한다. 그럼에도 불구하고 현대 과학의 발전으로 이렇게만 설명할 수 없는 영역들이 많이 생기고 있다. 우리가 흔히 접하는 무인 속도 단속기는 강제수사임에도 불구하고 영장을 요하지는 않는다. 단지 법률적 근거가 있을 뿐이다. 그러므로 임의수사, 법률적 근거를 요하는 강제수사, 영장을 요하는 강제수사로 구분하여 공부해 두는 것이 좋겠다.

상대방이 승낙을 했다고 해서 임의수사라 하여, 수색·검증이나 임의 제출물 영치, 사실조회 내지 공무소의 조회를 무조건 영장 없는 임의수사로 보기는 어렵기 때문이다. 아무리 상대방이 그 동의의 의미나 효과를 충분히 인식한 상태에서의 승낙을 전제로 한다지만, 여러분이 그 입장이면 수사기관의 권유를 심리적으로 어떻게 받아들일 것인가를 생각해 보면 짐작할 수 있을 것이다. 이러한 부분에 대한 법적 규제 및 현실적 논의에 대해 충분히 알아두어야 한다. 이런 비슷한 논쟁이 있는 경우가 사진 촬영, 거짓말탐지기의 사용, 음주 측정 등이 있다는 점에 유의하며 공부해 두길 바란다. 이러한 부분에 영장보다는 법률적 수권규정을 둠으로써 해결해 나가는 추세를 읽을 수 있다. '법은 만들어지는 것이다.' 즉 허구임을 늘 인식하면서 생각을 가두어두지 말고 여러 갈래로 여러분도 법을 만들어 보는 생각이 법공부에 크게 도움이 될 것이다. 그리고 그 생각들이 왜 이러저러한 학설이 생기게 되고, 판례, 즉 현실적으로 어떻게 타협했는지를 살펴보면 법공부가 지루하지 않을 것이다. 재미있는 놀이를 위해서 규칙을 만들 듯, 수사에 있어 수사기관과 피의자 간의 팽팽한 긴장관계를 유지하기 위해, 이 외에도 많은 장치가 있는데 본격적으로 그 이야기를 하고자 한다.

의심받는 자의 권리

범죄 의심을 받는 자를 피의자라고 한다. 피의자가 공소제기를 당하면 피고인이 된다. 피의자라고 입건(범죄인지)되기 전에는 용의자라고 한다. "귀하를(선생님을) 현 시각(○○년 ○월 ○일 ××시 ××분)부로 ○○ 혐의로 체포합니다. 변호사를(변호인을) 선임할 수 있으며, 변명의 기회가 있고, 불리한 진술을 거부할 수 있으며, 체포적부심을 법원에 신청할 수 있습니다." 이런 대사가 요즘 드라마나 영화에서 자주 표현되어 피의자에게도 권리가 있음을 여러분도 간접적으로 알 수 있게 되었다.

이를 미란다 원칙이라고 하는데, 미란다는 실제 18세 소녀를 강간한 죄로 체포된 '에르네스토 미란다'란 미국인이다. 미란다는 1963년 8월 은행에서 8달러를 강탈한 혐의로 체포되었는데, 처음엔 범행을 부인하다가 자백하는 과정에서 18세 소녀를 강간했다고 진술하였다. 그런데 미란다 측이 재판과정에서 진술시 변호사가 같이 입회하지 않았고, 자신이 자기의 법적 권리를 충분히 고지받지 못했으므로 진술서가 증거가 될 수 없다고 주장했다. 그럼에도 불구하고 애리조나 주법원까지 유죄판결이 났으나, 미국 연방대법원은 미란다의 권리가 침해당했다고 하여 애리조나 주법원으로 사건을 돌려보냈다. 그래서 만들어진 것이 '미란다 원칙'이다.

범죄 의심을 받는 자와 대척점에 있는 것은 수사기관이다. 수사기관으로서는 변호사의 조력을 받으며 일체의 진술을 거부하는 자를 '어떻게 수사해야 할까'라는 의문이 들 수 있다. 피의자의 권리를 인정하는 이유는 억울한 사람을 만들지 않도록 염원하는 인류 지성의 발달 때문이었다. 수사기관 역시 그런 인류를 위해 만들어졌으므로 피의자의 권리는 인정될 수밖에 없다. 결국 수사기관의 노력이 필요하고, 그래서 과학수사가 빛을 발하는 것이다. 미란다도 결국 목격자의 진술을 근거로 피닉스시 검찰에 의해 다시 기소되었고, 징역 10년이 선고되었다.

여러분이 드라마나 영화를 세심하게 봤다면, 곳곳에서 진술거부권, 변호인 선임 및 선임의뢰권, 변호인 등과의 접견교통권, 국선변호인의 선정 청구권, 무죄추정의 권리, 증거보전청구권, 압수·수색·검증 참여권, 피의자신문조서 열람권, 구속취소 청구권, 체포·구속적부심사청구권, 무죄시 형사보상청구권, 구속영장등본 교부청구권 등이 실행되는 것을 떠올릴 수 있을 것이다.

수사기관의 강제수단

숨바꼭질에서 숨는 아이들은 주변 환경을 이용해서 어디에든 들키지 않도록 숨거나 술래 몰래 자리를 옮겨 다닐 권리가 있다면, 술래에게는 어떤 권한이 있어 재미있는 숨바꼭질 놀이가 될까? 장독대를 열어 보거나, 막대기로 수풀 속을 휘젓기도 할 수 있다. 오감을 이용해서 숨은 아이들을 탐지하기도 하고, 지나간 숨바꼭질 놀이에서 보여주었던 아이들의 습성을 나름대로 분석하기도 한다. 그리고 찾아낸 아이들에게 다른 아이들의 행방을 물을 수도 있다.

숨는 아이들이 피의자라면 술래는 수사기관이다. 앞서 피의자의 권리가 있듯이 수사기관에게는 강제수사라는 권한이 주어져 있다. 압수·수색하고 검증하며, 체포·구속할 수 있다. 물론 이러한 강제수사와 함께 피의자에게 출석을 요구할 수 있고, 영상 녹화를 하거나 참고인을 불러 조사할 수도 있는데, 이러한 것은 강제수단이 아닌 임의수사다. 피의자의 출석을 요구할 수 있을 뿐 '소환'이나 증거로 보일 만한 물건에 대한 '제출명령'은 수사기관의 강제수단이 아니라 수소법원(공소가 제기된

법원)의 강제처분이다. 이렇게 강제처분 또는 강제수사의 주체, 대상, 절차, 정도에 대해 수사기관, 수소법원, 수소판사의 권한 인지, 대인적인지 대물적인지, 기소 전인지 기소 후인지, 직접 적인지 간접적인지 등에 대해 여러분을 시험에 들게 하므로 주의 깊게 공부해 두어야 한다.

체포도 여러 가지 형태가 있음에 유의해야 한다. 영장에 의한 체포, 긴급체포, 현행범인의 체포 등이 있는데, 그 의의와 요건, 절차, 체포 후의 절차 등에 대해서 제대로 알아야 한다. 이와 관련해서는 헌법 제12조 제3항 "체포·구속·압수 또는 수색을 할 때에는 적법한 절차에 따라 검사의 신청에 의하여 법관이 발부한 영장을 제시하여야 한다. 다만, 현행범인인 경우와 장기 3년 이상의 형에 해당하는 죄를 범하고 도피 또는 증거인멸의 염려가 있을 때에는 사후에 영장을 청구할 수 있다."라는 규정과 함께 형사소송법에 구체적인 절차에 대한 규정이 있다. '장기 3년 이상의 형'은 형사소송법뿐만 아니라 경찰관직무집행법에도 자주 나오는 표현인데, 장기를 기준으로 3년 이상의 형이란 말이다. 5년 이하의 징역인 범죄는 5년에 3년이 포함되므로 해당하고, 3년 미만의 형은 해당되지 않는다.

예를 들어 형법 제245조는 "공연히 음란한 행위를 한 자는

1년 이하의 징역, 500만원 이하의 벌금, 구류 또는 과료에 처한다."라고 규정하고 있는데, 현행범이면 체포할 수 있으나, 그러한 사실이 있었다는 이유로 긴급체포할 수는 없다. 또한 형법 제267조에서 "과실로 인하여 사람을 사망에 이르게 한 자는 2년 이하의 금고 또는 700만원 이하의 벌금에 처한다."라고 규정하고 있는데, 마찬가지 이유로 현행범이 아니면 체포할 수 없다. 그리고 경찰관직무집행법상 경찰장구와 무기의 사용은 '장기 3년 이상의 죄'로 규정되어 있어, 교통사고로 사람을 죽였다고(과실치사) 해도 그 현장이 아니면 그 사람을 긴급체포하거나 도주를 방지하기 위해 수갑 등 경찰장구나 무기를 사용할 수 없다. 단, 뺑소니(사상자를 구호하는 등 필요한 조치나 피해자에게 인적 사항을 제공하지 않고 도주한 행위)는 도로교통법 제148조에 의해 5년 이하의 징역에 해당되므로 긴급체포가 가능하고 체포 및 도주 방지를 위해 경찰장구와 무기를 사용할 수 있다. 여러분이 시민이든, 경찰관이든 '장기 3년 이상의 죄'에 대한 정확한 구분을 할 수 있어야 다치지 않는다. 경찰관이면 검문에 불응하고 도망가는 차량이나 사람에 대한 총기 사용은 용납되지 않는다는 것을 명심하여야 한다. 막연한 의심은 용납되지 않고 장기 3년 이상의 죄를 범하고 도주한다는 것을 확실히 인식하고 총기 사용 여부를 결정하여야 한다. 이야기가 길었지만 법공부를 하면서 이런 구분을 확실히 해두어야 하는 표현들이 있음에 유의해야 한다.

구속은 엄격히 말해 수사기관의 권한이 아니라, 구속영장 청구권이 수사기관의 권한이다. 수사기관 중에서도 검사의 권한이고, 사법경찰관리의 권한은 구속영장 신청권이다. 지나가는 이야기로 법에서는 용어(말)에도 차등(계급)을 두고 있는 경우가 많은데, 신청과 청구도 그 한 가지 예이다. 수사기관이나 법원이 피의자 등에게 따져 묻는 것은 신문(訊問)이라 하고, 법원은 신문도 하지만 말할 기회를 준다는 뜻이 강한 심문(審問)도 한다. 이 역시 비슷하다.

여하튼 구속은 판사가 발부한 구속영장에 의하여 피의자를 비교적 장기간 구인(24시간 내)하거나 구금(교도소 또는 구치소)하는 것을 말한다. 얼핏 수사기관의 권한과 피의자의 권리의 균형을 생각할 때 수사기관의 손을 들어주는 것처럼 보이지만 수사기관의 권한이 아님에 유의해야 한다. 법원이 형사소송을 원활히 진행하기 위해 피의자의 출석을 보장하고 증거인멸에 의한 수사와 심리의 방해를 제거하기 위한 목적이자, 확정된 형벌의 집행을 확보하는 목적임을 명심해야 한다.

수사기관의 강제수사와 임의수사 부분은 시험에 들거나 실무에서 접할 때도 아주 중요한 내용이므로 주의 깊게 정리해 두어야 한다.

무기 대등의 원칙

  형사소송법을 공부하면서 반드시 떠올려야 하는 것은 근·현대 형사법 체계가 만들어진 이유이다. 앞에서도 언급했지만 다시 한번 말하자면 인류가 자신의 안전을 지키면서도 억울한 사람이 없도록 하자는 것이다. 그래서 형사소송법 곳곳에 무기 대등의 원칙에 따른 장치를 두고 있다. 무기 대등의 원칙은 수사기관과 법원의 무기(권한)에 상응하고 대응할 수 있는 피의자·피고인의 무기(권리)를 마련해 두어야 한다는 원칙이다.

  그래서 형사소송법을 쉽게 공부하는 방법은 무기 대등의 원칙을 염두에 두고 공부하는 것이다. 수사기관이나 법원의 권한이 있으면 반드시 이를 방어하거나 대항할 수 있는 피의자·피고인의 권리와 수단이 있다는 것을 염두에 두면 쉽게 연상할 수 있다. 명시된 피의자·피고인의 권리와 수단이 없는 경우에도 수사기관과 법원의 무기에 대한 절차를 규정하고 있으므로, 그 절차를 어기면 그 무기는 소용이 없게 된다. 그래서 수사기관과 법원의 각종 절차를 숙지하고 있으면 그것이 곧 피의자·피고인의 무기가 된다.

만약 여러분이 피의자·피고인이 되었을 때 여러분의 무죄를 입증해 줄 목격자나 증거들이 곧 사라진다면 여러분은 매우 불리해질 것이다. 수사기관이나 법원처럼 강제로 뭘 할 수도 없다. 그때 필요한 것이 증거보전 제도다. 증거조사는 공판정에서 수소법원이 하는 것이 원칙이지만, 공판기일에 정상적인 증거조사때까지 기다려서는 증거방법의 사용이 불가능하게 되거나 현저히 곤란하게 될 염려가 있을 때 판사가 미리 증거조사를 하여 그 결과를 보전해 두는 제도다. 물론 수사기관도 증거보전 청구를 할 수 있다.

또 만약 여러분에게 불리한 참고인이 있는데, 다행히 친한 친구라서 수사기관의 출석과 진술 요구를 거부하고 있다. 참고인에 대한 조사는 임의수사로 참고인은 출석의무와 진술의무가 없다. 그런데 범죄수사에 없어서는 아니될 사실을 안다고 명백히 인정되는 친구라면, 형사소송법은 어느 한 편이 무기력한 상태를 허용하지 않는다. 그래서 이런 경우 검사가 판사에게 '수사상 증인신문'을 청구하여 이런 상황을 극복할 수 있다.

절차법인 형사소송법의 지루함을 이렇게 공격과 방어, 그리고 상대와 나의 무기가 무엇인지 역할 놀이처럼 공부함으로써 극복해 낼 수 있다.

증 거

증거란 말은 여러분도 일상에서 많이 쓰는 말이다. 법률적 개념 역시 그와 크게 다르지 않다. 증거는 형사소송에 있어서 사실인정에 사용되는 객관적인 자료다. "내가 거짓말을 했다는 증거 있어?" 이런 경우 거짓말 여부가 요증사실로 증명하고자 하는 사실이다. 증거란 용어를 지나서는 대부분 일상에서 자주 쓰지 않는 용어들이다. 증거방법, 증거자료, 직접증거, 간접증거, 실질증거, 보조증거, 진술증거, 비진술증거, 증거능력과 증명력 등 직관적으로 알아듣지 못하는 용어가 대다수인데, 결국 시험에 들게 하는 것으로 그 개념을 공부해야 한다는 말이다.

증거방법은 증거물이라고 하는 것이 직관적일 것인데, 굳이 증거방법이라고 해 놓고 증거방법은 '증거로 사용되는 유형물 그 자체를 말한다'고 개념을 정하였다. 그 이유는 증거방법에는 증거물뿐만 아니라 증인도 있고, 공판조서와 피고인 등도 있기 때문이다. 증거자료는 증거방법을 조사하여 얻어진 내용이다. 증인은 증거방법이고 증인의 증언은 증거자료다.

여러분이 수사관이라면 검거된 피의자의 옷에 묻은 피해자의 혈흔을 직접증거라고 판단할 것인지 잠시 생각해 본다. 답은 간접증거다. 직접증거는 요증사실을 직접적으로 증명하는 증거로 목격자의 증언이나 피의자의 자백이다. 간접증거는 정황증거라고도 한다. 피의자의 옷에 묻은 피해자의 혈흔이 있다고 해서 살인죄를 직접적으로 증명하는 증거가 아닐 것이다. 이러한 구분은 직접증거의 증명력을 높게 인정했던 증거법정주의에서나 의미가 있었다. 우리 형사소송법은 자유심증주의를 채택하고 있어 구분의 의미가 퇴색되었다. 증명력의 차이는 없다. 단지 요증사실에 따라 직·간접 증거가 바뀌기도 하는데 피의자가 무기를 가지고 있었다는 목격자의 증언은 무기소지죄에서는 직접증거지만, 살인죄의 경우에는 간접증거가 된다. 요증사실과의 관계에 의한 구분이기 때문이다. 피해자의 시체를 찾지 못하여도 살인죄를 인정한 판례를 떠올리며 직접증거와 간접증거 간에 증명력의 우열이 없다는 것을 기억하기를 바란다.

  증명력이란 증거의 실질적 가치를 말하고, 이는 법관의 자유판단에 의한다. 이를 자유심증주의라고 하는 것이다. 그런데 이런 증명력을 따지기 전에 그 증거의 자격이 문제되는데 그 자격이 증거능력이다. 증거능력이란 엄격한 증명의 자료로 사용될 수 있는 법률상의 자격을 말하는데, 이는 미리 법률에 의해 형식적으로 결정되어 있다. 증거능력이 있으면 증거 조사할 자격이 있는 것이지 그것이 곧 증명력이 있는 것은 아니다. 증거는 적법절차에 의해 수집되어야 증거능력이 인정된다. 위법수집증거와 그 증거에서 나온 2차 증거도 독수독과이론(독나무에서 나온 과실도 독이다)에 의해 배제되고, 임의성이 없거나 의심스러운 자백은 증거능력이 배제된다. 그리고 전문증거란 것이 있는데, 전해 들은 증거라고 기억하면 좋다. 경험사실을 경험자 자신이 직접 말로 법원에 보고하지 않고, 서면이나 타인의 진술 형식으로 간접적으로 법원에 전달되는 증거를 말한다.

현행범인을 체포한 경찰의 법정 증언, 피의자를 신문한 경찰의 법정 증언 중 무엇이 전문증거인지 생각해 본다. 판단이 쉽지 않은 부분이 있는 곳이 시험에 쉽게 들게 한다는 점 잊지 말아야 한다. 일단 전문증거에 대해서는 증거능력을 부정하는 것이 전문법칙이다. 일상에서도 이야기 전달 과정에서 일어나는 와전이나 과장·왜곡을 생각하면 왜 그런 법칙을 만들었는지 짐작은 될 것이다. 그 외에 반대신문권을 보장하고 법정에서 직접 증거조사가 이루어지도록 하기 위한 법칙이다.

그리고 전문법칙이 적용되지 않는 경우가 있는데 당연히 비진술증거가 그럴 것이고, 이외에 요증사실의 일부인 진술, 언어적 행동, 정황증거, 탄핵증거 등의 경우다. 그리고 전문법칙이 배제되는 절차가 있고, 전문법칙의 예외 이론이 있다. 전문증거라도 '죽으면서 한 말'과 같이 거짓말했을 리가 없다고 생각되는 말과 원진술자가 이미 사망한 경우처럼 전문증거라도 써야 할 판이 벌어지면 예외가 인정되게 된다. 전문증거와 전문법칙, 그리고 예외, 이 부분에서 실제 문제될 부분이 많고 그래서 자주 시험에 들게 한다. 사진, 영상, 녹음 등 우리가 드라마나 영화에서 흔히 보는 장면에서 등장하는 것들의 증거능력이 어떻게 판단되는지 생각하면서 공부하면 흥미로울 것이다.

형사소송법에서 어느 부분보다 민감하고 치열한 곳이 바로 증거에 관한 부분이다. 실체적 진실 발견을 위해 법관 개인의 자유판단에 맡기지만 법관 자의에 흐를 위험성도 있는 것이기 때문이다. 그래서 이 양면을 타협시킬 각종 규정과 이론, 그리고 판례들이 있다. 형사소송법은 어떻게 보면 이러한 양 극단의 가치를 조화시키기 위한 흔적이라고 할 수 있다. 이러한 갈등 관계를 생각하면서 공부하면 형사소송법의 지루한 절차와 규정들이 조금은 덜 지루할 것이다.

재판과 특별형사절차

　여러분은 드라마나 영화, 그리고 실제 언론보도를 통해 판·검사를 했던 사람도 변호사를 선임하는 것을 본 적이 있을 것이다. 형사소송법은 절차법으로서 그 개정이 잦다. 그리고 복잡하고 예민하다. 그래서 변호사의 조력을 받는 것이 도움이 되므로 변호사를 선임하는 것이다. 여러분도 공부를 한 뒤 세세한 것을 모두 기억하지 못한다고 자책할 필요가 없다. 윤곽과 대충의 얼개만 기억나면 된다.

　수사에 대해서는 분량도 많지 않고 기억하기도 쉽다. 하지만 재판에 들어서면 현실적 연상도 쉽지 않고 판·검사나 변호사가 되지 않을 거면 필요성도 잘 느껴지지 않는다. 다만 재판 영역에서의 구속, 압수수색 등 강제처분이 수사에 준용된다는 점, 그리고 증거에 관한 이론과 규정들이 수사에서도 활용된다는 점을 염두에 두면 된다. 오로지 시험에 들게 되는 날 최대한 공부한 것을 최선을 다해 풀어 놓으면 된다. 그러니 재판에 관한 것들을 낱낱이 기억하지 못한다고 불안에 떨지 말기를 바란다. 재심, 증인, 변호인 등 법정을 다루는 영화나 드라마를 보면서 재판과 관련된 것을 최대한 연상하거나 연결해보는 것도 하나의 방법이 될 것이다.

재판과 관련하여 특별히 기억해야 할 것은 공판절차와는 다르게 하는 재판이다. 여러분이 경미한 범법을 했다면 '약식명령'을 받게 되는데, 이를 약식절차라고 부른다. 서면심리만으로 피고인에게 벌금·과료·몰수를 과하는 간이한 형사절차로 피고인의 사회적·심리적 부담을 덜어주고 경미한 사건의 신속한 처리를 위한 제도이다. 약식명령의 청구권자는 검사이고 약식명령이 적당하지 않다고 판단되면 공판절차에 의해 심판한다. 그리고 약식명령에 불복하는 자는 법원에 통상의 절차에 의한 심판을 구하는 소송행위, 즉 정식재판을 청구할 수 있다.

약식명령은 검사가 청구하여 판사가 재판을 하는데, 즉결심판은 경찰서장이 청구하고 판사가 재판을 한다. 형사소송법이 아니라 즉결심판절차법에 규정되어 있다. 20만원 이하의 벌금·구류·과료에 처할 경미한 범죄에 대해 신속하고 적절한 처리와 피고인의 이익 보호를 위해 만든 제도이다. 경찰서장의 청구는 검사의 기소와 같은 면이 있는데, 그러므로 검사의 기소독점주의의 예외라고 하여 시험에 자주 들게 하는 부분이다. 소년에 대한 형사절차도 그렇다.

과거, 그리고 미래가 달라붙는 현재

경찰과 관련된 각종 법원리에서 가장 급격한 변화가 일어나는 영역이 경찰행정법이다. 지구의 반대쪽, 은하계에서 양끝… 이렇게 표현한 적도 있지만, 간단히 과거와 현재의 극명한 차이라고 정리한다. 살아있는 의식 속에서는 과거는 기억으로 이어지기도 하지만, 그 사이에 죽음이 끼어든다면 극명하게 느껴질 것이다. 죽음이 아니라 사건·사고가 끼어들어도 사건·사고 이전과 이후는 전혀 다를 것이다.

이 법 이야기에서 형사법들은 사건·사고를 다루고 그 사건·사고는 과거에 이미 발생한 일이라고 강조한 바 있다. 그 과거 현장에 있지도 않았던 경찰·검사·판사가 실체적 진실을 누구도 억울하지 않게 밝혀내는 데 집중한 법원리가 형사법원리라고 했다. 이에 반해 경찰행정법은 과거가 아닌 진행 중인 현재를 다룬다. 진행 중인 현재를 다르게 표현하면 시시각각 미래가 현재에 달라붙는다고 할 수 있다. 미래는 불확실하고 예측하기가 어렵다. 이러한 특성이 경찰행정법과 그 외의 모든 행정법에 있다는 점을 염두에 두어야 한다.

현재라는 시점이 되는 것은 행정기관이 사태의 현장에 존재하기 때문이다. 불이 난 곳에 소방관이 존재하고, 112신고 현장에 경찰관이 출동한다. 부동산의 각종 이슈가 있는 현장에 그것을 고민하고 조치해야 하는 행정기관이 있고, 코로나19 사태에도 방역을 담당하는 기관들이 현장에 있다. 이미 발생한 사건·사고가 되돌릴 수 없는 과거의 영역이라면, 현재는 어떻게 하느냐에 따라 많은 것이 달라지는 영역이다. 이러한 특성이 경찰행정법의 법원리들을 만들어 낸다는 점을 특히 기억해 두자.

형사법원리는 억울하지 않게 실체적 진실을 가리기 위해 엄격한 적법절차를 지키고, 될 수 있으면 사람의 자의적인 판단이 개입하지 않도록 하는 데 집중한다. 반면 경찰행정법원리는 적절한 수단과 방법을 총동원하여 사람을 살리거나 보호해주고, 재산을 지켜주는 등 공공의 안녕과 질서에 대한 위험을 방지·제거하는 데 집중한다. 시시각각 변하는 현장에 있는 행정기관의 판단과 조치를 인정하되, 그 과정에서 함부로 하거나 억울한 조치를 받지 않게 하는 방안을 고민한다. 비교적 과거에 비해 명명백백한 현장을 두고 판단하고 조치하므로 엄격한 합법주의보다는 합목적주의가 강하다. 과거에 대한 판단은 전

지적 사후적 관점에서 하지만, 현재에 대한 판단은 사전적 예측적 관점이 될 수밖에 없다.

앞서 경찰 작용이란 것에 대해 설명하였다. 경찰청이라고 하는 경찰기관 외에도 경찰 작용을 하는 기관이 많다는 것도 이야기하였다. 그래서 그런 형식에 구애받지 않는 실질적 경찰 작용이란 '공공의 안녕 또는 질서에 대한 위험을 방지하기 위하여 일반통치권에 근거하여 국민에게 명령·강제함으로써 국민의 자연적 자유를 제한하는 작용'이라는 전통적 정의가 있다. 정의가 조금 무섭게 느껴질 수도 있다. 그러나 공공의 안녕 또는 질서는 앞서 이야기했듯이 바로 여러분의 안전이다. 생명·신체·재산.. 그리고 여러분의 자유와 권리의 안녕을 말한다. 즉 경찰 작용은 누군가를 지켜주기 위해 불가피하게 누군가의 자유를 제한하는 작용이라고 할 수 있다. 그래서 이러한 전통적인 정의에 대해서 새롭게 정의하고자 하는 움직임이 있다.

위험에 대해서도 앞서 이야기하였다. 경찰행정법을 이해하는 데 가장 중요하고, 어렵게 느껴지는 용어가 위험이므로 앞선 이야기를 다시 한번 읽어보길 권장한다. 위험과 관련하여 그 판단은 사전적 관점에서란 점과 보호법익의 가치에 따라 아주 적은 개연성도 충분한 개연성이 될 때가 있음을 상기하여야 한다. 위험은 경찰권 발동, 즉 경찰작용의 트리거(방아쇠) 역할이 자 경찰 권력을 통제하는 수단이기도 하다. 위험이 없는데도 불구하고 경찰권을 발동하면 위법이 된다.

판·검사가 영화를 오롯이 다 보고 난 뒤에 비평을 가하는 관객이라면, 경찰은 그 영화 속의 실제 배우라고 할 수 있다. 앞서 무슨 사연이 있었는지, 어떤 줄거리였는지 모르고 현장에서 직면한 상황만을 보고 판단하고 움직이는 배우라고 할 수 있다. 다른 기관의 경찰 작용은 거의 서면으로 한다. 그만큼 여유가 보장되기 때문에 정보를 더 수집하기도 하고, 내부적으로 논의도 하고 판단·조치한다. 그러나 형식적 의미의 경찰인 경찰관은 그런 여유가 보장되지 않는다. 위험이 급박하면 급박한 만큼 판단과 조치가 쉽지 않고, 위험이 급박하지 않으면 위험으로 인지하기도 애매한 부분이 있다. 그래서 시험을 준비하는 수험생의 마음이 아니라 현장과 마주한 경찰관의 각오로 경찰행정법을 공부해야 한다. 경찰행정법 리걸 마인드만이 그 순간의 판단과 조치를 할 수 있게 하기 때문이다. 이제 본격적으로 경찰행정법 이야기를 하고자 한다.

명령과 강제

익숙한 말이다. 조직생활을 해본 분에게 떠오르는 무언가가 있을 것이고, 영화나 드라마 속에서 "이건 명령이야"하는 장면을 본 적이 있는 분들도 무언가가 느껴질 것이다. 왠지 명령한 대로 하지 않으면 안 될 것 같은 압박감이 느껴지는 말이 '명령'이란 말일 것이다. 강제는 마음에도 없는 일, 즉 원하지도 동의하지도 않는 일을 상대방에게 하게 하거나 직접 해버리는 것이다.

그런데 우리는 앞에서 실질적 의미의 경찰이 '공공의 안녕 또는 질서에 대한 위험을 방지하기 위하여 일반통치권에 근거하여 국민에게 명령·강제함으로써 국민의 자연적 자유를 제한하는 작용'이라고 배웠다. 여러분이 안녕하기 위해 여러분의 안녕을 해치는 사람을 해치지 못하도록 압박하거나 강제해버리는 것이 경찰 작용이라고 할 수 있다. 이렇듯 경찰 작용은 어느 한 편으론 개인의 자유를 제한하는 두려운 모습을 하고 있지만, 어느 한 편으론 '인권의 옹호자'의 따뜻한 모습을 하고 있다. 그리고 여러분에게 다양하고 세심한 배려와 안내를 해

주는 모습을 할 때도 있다. 이러한 모습은 경찰이 어떤 수단을 쓰는지에 따라 달라진다.

밤늦게 순찰하고, 길 안내를 하며, 범죄 예방을 위한 방법을 홍보하는 활동은 누군가에게 명령하고 강제하는 일이 아니다. 명령하고 강제하는 수단을 쓸 때는 반드시 법률에 의하고(법률유보) 법률에 위반되지 않아야(합법·적법) 한다. 그 법률이 경찰행정법으로 통칭되는 관련 법률들이다. 경찰행정법은 다른 분야의 행정법에 비해 비교적 간략한 수단들을 주로 쓴다. 공공의 안녕 또는 질서에 대한 위험을 방지하기 위해 적합한 수단들만 쓴다고 기억해 두자. 주로 '경찰상 행정행위'와 '경찰명령'을 통해 경찰 작용의 목적을 달성한다. 여기서 '경찰명령'은 법률과 비슷하게 조문 형식이 요구되고, 효력을 발생하기 위하여서는 공포될 것이 요구되는 '법규명령'을 말한다.

여기서 잠시 앞에서 언급했던 법령에 대해서 되돌아볼 필요가 있다. 법령은 법률과 (법규)명령이 합해진 말이다. 국회에서 입법하는 것을 법률, 그리고 행정권 등이 입법하는 것이 명령이고, 그 명령에는 대통령령, ○○부령이 있다. 법규란 것은 국민에게 법적 효과를 발생시키는 것이다. 반면에 행정부와 각 기관의 구성원에게만 적용되는 행정규칙에는 법규성이 부인된다. 규칙이란 용어가 무조건 법규성을 부인하게 만드는 것도 아님을 유의해야 한다. 중앙선거관리위원회규칙은 말은 규칙으로 되어 있으나 법규명령이다. 이런 점이 여러분이 시험에 들 때 착안점이다. 대국민적 효력이 있느냐가 기준이 되는데, 형식으로 판단하자는 의견도 있고, 그러니 각종 학설이 난무한다.

이렇게 되새김질해보면 '명령'이란 용어에 대해 헷갈리게 된다. 그렇다. 명령이란 같은 말을 쓰고 있지만, 그 명령은 다 다른 의미이거나 비슷하면서도 구별되는 개념일 때도 있다. 그래서 글쓴이가 법, 제도 등은 허구로 만들어진 것이라고 한 바가 있다. 원래부터 있던 것이면 이렇게 혼란스러운 모습으로 존재하지는 않을 것이기 때문이다.

경찰 작용의 수단인 명령과 강제에서 명령은 무엇을 뜻하고 어떤 의미인지 알아보자. 수단은 행정행위와 법규명령을 포함하지만, 법규명령은 일반적·추상적 규율로 그 실효성을 확보하기 위해서는 행정행위로 구체화되어야 한다. 행정행위의 종류도 여러 가지로 나뉘는데 그중 명령적 행정행위의 하나인 '하명'이 있다. 행정행위에 대해서는 장을 달리하여 살펴보기로 하고 우선 하명은 하명하는 순간 그 상대방에게 의무를 발생시키는 행정행위다. 법치국가에서 강제는 의무 없는 자에게는 통용될 수 없다. 결국 '하명'이 의무를 발생시키고, 그 의무를 이행하지 않을 경우 '강제'가 등장하는 것이다. '하명'과 '강제'는 그렇게 관계를 맺게 되는 것이다.

경찰행정법에서 경찰 작용의 수단으로 경찰상 행정행위와 경찰명령이 있다고 이야기했는데, 가장 중요한 것은 경찰상 행정행위라고 할 수 있다. 이러한 경찰상 행정행위에 대해 본격적으로 알아보자. 많은 내용이 있지만 이 이야기의 목적상 여러분의 공부 의욕과 동기를 부여하는 것으로 간략하게 추리겠다(골라 뽑겠다)는 말을 반복한다.

경찰상 행정행위

앞 이야기에서 형법에서의 '행위'가 있었다. 주로 자연인의 행위를 이야기했지만, 그중엔 법인의 행위도 있다. 법인(法人, legal person, legal entity)이란 자연인 이외의 것으로서 법률에 의하여 권리능력이 인정된 단체 또는 재산, 법적인 독립체를 말한다. 이 모든 것은 사람이 허구를 만들어내는 능력, 다른 말로는 상상력 때문에 가능했음을 앞서 이야기하였다. 법인을 이야기하면 주식회사나 ○○재단 같은 것을 떠올릴 수 있는데, 이는 사(私)법인이다. 국가와 지방자치단체, 그리고 한국전력공사 등과 같은 것을 공법인이라고 한다.

국가 등도 자연인처럼 의인화하여 자연인과 법률관계를 맺는다고 생각하면 된다. 그래서 국가 등의 공법인은 행위를 할 수 있는 것이고, 이것을 행정행위(모든 행위가 행정행위가 아님에 주의)라고 한다고 생각해 두면 이해가 쉬울 것이다. 국회는 입법행위를 하는 것이고, 법원은 사법행위를 하는 것이다. 즉 행정행위는 국가 등의 기능 중 행정권에 의한 행위라고 일단 생각하면 된다. 행정권의 행위처럼 보이지만 실제로 행정행위가 아닌 경우는 차차 알아본다.

실감을 위해서 우선 행정행위가 여러분에게 끼친 영향을 살펴보도록 한다. 여러분은 누군가의 자식으로 태어나 대한민국 국민으로 살고 있다. 이는 여러분의 부모가 출생신고를 했고, 이 신고를 행정이 '수리'하는 행위를 했기 때문이다. 여러분이 가진 부동산을 등기한 적이 있다면, 그 등기는 행정이 '공증'하는 행위를 했기 때문이다. 여러분이 운전 면허증을 가지고 있다면, 그 면허증은 행정이 '허가'하는 행위를 했기 때문이다. 즉 행정행위는 여러분에게 어떤 법적 효과를 부여한다. 출생신고의 수리는 여러분이 국민이란 신분을 취득하게 하고, 부동산 등기는 여러분이 그 부동산의 주인임을 공증하며, 운전 면허증은 여러분이 적법하게 운전하게 할 수 있도록 해 준다. 어떤 법적 효과를 부여하지 않는 행위는 사실행위라고 한다. 구청에서 여러분이 분리한 쓰레기를 거둬 가지만 그것은 여러분에게 어떠한 법적 효과를 부여하지 않았으므로 사실행위에 지나지 않는다.

행정행위는 일단 행정청만이 할 수 있다. 행정청이란 법률에 의해서 행정에 대한 의사를 결정하여 표시할 수 있는 권한을 가진 기관 등을 말하고 관청이라고도 한다. 여러분이 가진 운전 면허증을 발급해 준 공무원이 있지만, 운전 면허증을 보면 '○○지방경찰청장'이라고 되어 있을 것이다. 운전에 대한 허가행위를 하는 것은 지방경찰청장이다. 또한 여러분의 주민등록증을 보면 자치단체장이 발행기관임을 알 수 있다. 이는 주민등록법 제2조에서 "주민등록에 관한 사무는 특별자치시장·특별자치도지사·시장·군수 또는 자치구의 구청장이 관장(管掌)한다."라고 되어 있기 때문이고, 주민등록의 행정청은 자치단체장이다. 이렇게 행정행위의 주체인 행정청을 각 법률에서 표시하고 있다.

총포·도검·화약류 등의 안전관리에 관한 법률(약칭: 총포화약법)을 보면 총포·화약류의 제조업 허가는 경찰청장이, 그리고 판매업의 허가는 시·도경찰청장이, 그리고 도검·화약류·분사기·전자충격기 및 석궁의 소지 허가는 그 주소지를 관할하는 경찰서장이 행정청이 된다. 각종 법률을 접할 때 어느 기관이 어떤 행정행위를 할 수 있는가를 살펴본다면 흥미로울 것이다.

행정절차법에 의하면 행정청은 행정에 관한 의사를 결정하여 표시하는 국가 또는 지방자치단체의 기관이나 그 밖에 법령 또는 자치법규에 따라 행정권한을 가지고 있거나 위임 또는 위탁받은 공공단체 또는 그 기관이나 사인을 말한다. 경찰관은 행정절차법에 따라 국가 또는 지방자치단체의 기관으로 그 자체로 행정청이 된다. 경찰관직무집행법에서 행정에 관한 의사를 결정하여 표시하는 기관이 경찰관이기 때문이다. 이 점은 경찰행정법을 해석하고 적용하는 데 아주 중요한 의미이므로 꼭 기억해 두기 바란다.

행정행위는 학문상으로 만든 개념이고, 실무상으로는 '처분'이나 '행정처분'이란 용어로 통용된다. 즉 행정행위는 ① 행정청이 ② 구체적인 사실에 대한 법집행으로서 ③ 직접·구체적인 법적 효과를 발생시키는 ④ 권력적 단독행위인 ⑤ 공법행위를 말한다. 이렇게 ①~⑤ 표시를 한 것은 이 개념에 대해 거의 외우다시피 하여야 하는데 그 이유는 시험에 들 때나 실무를 처리할 때 구분해야 할 일이 많기 때문이다. 주민이 되거나, 운전할 자격을 부여받거나, 부동산의 소유주로 공증받는 법적 효과는 오로지 행정행위에 의해서만 발생하기 때문이기도 하다. 그리고 이 개념은 행정행위로 인한 피해를 회복할 때 수단으로 쓰이는데 처분(행정행위)성을 인정받지 못하면 방법이 없기 때문이다.

① 행정청 또는 권한을 가진 행정기관의 행위여야 한다. 보

통은 행정청이지만 경우에 따라서는 행정기관(경찰관 등)이 행정행위를 한다. ②③ 구체적인 사실이란 실제 일어나는 것을 말하며 예를 들면 누군가의 출생신고 등을 말한다. 법규명령이란 것은 법적 효과(권리의무관계의 변경)를 발생시키는 것은 행정행위와 같지만 다시 행정행위란 구체화를 통해서 법적 효과가 발생하는 점이 다르다. 그렇기 때문에 법규명령만으로 직접 강제하는 것은 허용되지 않고 그 실효성은 경찰벌을 통해 확보하는 것이 대부분이다.

시험에 들게 할 중요한 구별이 있는데 그것은 행정행위와 법규명령, 일반처분(행정행위의 일종), 처분적 명령(법규명령)이 그것이다. 왜냐하면 법규명령은 취소소송 등의 피해회복 수단이 없기 때문이다. 많은 논란이 있는 것은 여러분이 본격적인 경찰행정법 공부를 할 때 자세하게 공부하기 바란다. 여기서는 시험에 들거나 실무를 할 때 간단히 구별할 수 있는 방법만 제시한다. 시간적·공간적으로 특정된 경우에 적용되는 것을 구체적 규율이라고 하는데, 그 구체적 규율이 있는 경우 개별적(누구한테만) 규율인지 일반적(누구한테나) 규율인지 불문하고 모두 경찰상의 행정행위 성격을 갖는다. 코로나19 사태에 있어 기간을 정하거나 특정 시간을 정해 업종별 장소에 대한 각종

174

제한을 하는 경우는 일반처분으로서 행정행위의 성격을 갖는다. 그리고 추상적 규율을 내용으로 하는 경우, 예를 들면 특정 장소에 대한 집회 금지란 규율이 존재하는데 개인이나 특정한 집단에 대한 규율, 즉 개별적 규율은 행정행위의 성격을 갖는다. 결국 추상적·일반적 규율의 성격을 모두 가지고 있는 것만이 행정명령이라고 생각하면 된다. 그러나 지금은 행정명령이 국민의 기본권에 미치는 영향이 많으므로 가급적이면 법률로 규율하는 추세이므로 어쩌면 행정명령에 대한 고민은 시험에 들게 할 때만 문제될 수 있다. 가령 「감염병의 예방 및 관리에 관한 법률」 제49조에서 "질병관리청장, 시·도지사 또는 시장·군수·구청장은 감염병을 예방하기 위하여 다음 각 호에 해당하는 모든 조치를 하거나 그에 필요한 일부 조치를 하여야 하며~"라고 규정하고 있다. 이에 제2호가 '흥행, 집회, 제례 또는 그 밖의 여러 사람의 집합을 제한하거나 금지하는 것'이라고 되어 있어 여러분이 겪은 사회적 거리두기가 진행된 것이다. 이것이 대통령령이나 보건복지부령에 규정되어 있다면 이것이 행정명령이 된다. 이러한 규율이 대통령령이나 부령으로 남아 있는 경우가 있다. 공부하면서 접해 보게 되는 경우 이 이야기를 떠올리면 된다.

④ 권력적 단독행위란 것은 공법상 계약과 같은 동등, 쌍방적이 아니란 말이고, ⑤ 공법행위여야 한다는 것은 교통경찰 관청이 세운 교통표지판은 법적 효과를 발생시키지만, 그 지시를 받지 않고 어떤 업체가 설치한 교통표지판은 아무런 법적 효과를 발생시키지 않는다는 말이다.

경찰상 행정행위 2

  행정행위의 종류에는 법률행위적 행정행위가 있고, 준법률행위적 행정행위가 있다. 법률행위적 행정행위는 법률효과의 내용이 사람이 원래 가지고 있던 자연적 자유를 규율하는 행위이거나 사람에게 새로운 권리나 능력을 부여하는 형성적 행위냐에 따라 명령적 행위와 형성적 행위로 구분된다. 우선 형성적 행위를 설명하자면 여러분이 시험에 들어 공무원시험에 합격하면 공무원으로 임명되는데, 공무원으로 임명되면 새로운 권리나 능력이 부여되는 것과 마찬가지인데, 이를 '특허'행위라고 한다. 특허법에 의한 특허는 준법률행위의 하나인 '확인'행위이다. 이렇듯 행정행위나 그에 따른 행위형식은 학문적이다. 실무적으로는 행정행위가 '처분'이나 '조치'로 쓰이고, '특허'행위가 허가 또는 면허, 임명 등으로도 쓰인다는 점에 주의해야 한다. 헷갈리는 것이 많다는 것은 시험에 들게 할 개연성 높다는 점을 여러분은 알 것이다.

  경찰행정법에서의 행정행위, 즉 경찰상 행정행위로서 주로 쓰이는 것은 법률행위적 행정행위고 그중에서도 명령적 행정행위다. 공공의 안녕 또는 질서에 대한 위해를 방지 및 제거하기 위해서는 사람의 자연적 자유를 규율해야 할 필요가 있다. 그리고 어떤 경우에는 공공의 안녕 또는 질서를 위해 금지해 놓은 것을 위해가 없다고 판단하면 그 금지를 해제해 주어야 할 필요가 있다. 즉 자연적 자유를 규율했던 것을 없애주는 것이 필요하기 때문이다. 결국 하명, 허가, 면제 등의 행정행위가 경찰상 행정행위가 된다. 그중 경찰관이 행정청이 되는 경우는 하명의 경우이다. 시험에 들 때는 그 밖의 행정행위에 대해서도 자세하게 익혀 두어야 함을 잊지 말아야 한다.

이미 경찰기관에 재직하는 여러분이라면 이렇게 경찰행정법을 공부해야 하는 부분이 간명해져 감을 느낄 것이다. 명령적 행정행위 중 '허가'는 여러분이 겪거나 겪게 되는 많은 사회생활과 밀접하게 관련되어 있다. 운전면허, 사냥을 즐긴다면 앞에서 본 살펴본 각종 관청의 허가(무기소지허가 등), 영업을 해야 한다면 영업허가, 그리고 집을 짓게 된다면 건축허가 같은 경우이다. 마찬가지로 허가라는 용어는 실무상으로 면허, 인허, 승인 등으로 쓰이는 경우도 있다. 또한 허가란 말이 붙어도 허가가 아닌 경우가 있다. 광업허가는 '특허'다. 허가란 일반적인 상대적 금지(허가조건부 금지)를 일정한 요건을 충족한 경우에 해제하여 적법하게 그 일을 할 수 있게 하는 식의 개념이다. 이 역시 시험에 들게 할 때는 법적 성질이나 효과, 부관 등에 대한 세심한 공부가 필요하다.

다음으로 면제가 있는데, 이는 법령으로 정해진 작위의무, 급부의무 또는 수인의무를 해제해 주는 행정행위를 말한다. 허가와 별반 다를 것이 없다. 이로써 경찰상 행정행위는 '하명'만 남게 되는데, 이 하명을 경찰처분이라고도 한다고만 알아두자. 아울러 경찰처분이라고 해서 행정행위의 성격을 가진, 즉 취소소송의 대상이 되는 처분과 반드시 같지 않음도 유의해야 한다. 글쓴이는 여러분이 '하명'이란 개념에 집중해 주길 바란다. 하명(下命)은 명령을 내린다는 뜻이다. 명령이란 용어는 이미 행정입법을 설명하면서 법령형태로 된 행정부의 입법을 말하므로 행정행위인 명령은 '하명'으로 구별한 것으로 보인다. 명령은 그대로 법규로 존재하는 형태라면 그것에 내린다는 의미를 포함하면 뭔가 구체적인 상황에 대한 행위임을 직감할 수 있을 것이다.

하명을 일상적으로 표현하면, "하세요", "하지 마세요", "참고 따르세요", "주세요"의 표현이 된다. 이 하명이란 행정행위는 그것이 외부 또는 상대방에게 표시되면 신기하게도 그 외부 또는 상대방에게 '의무'가 발생해버린다. 일상적 표현을 법률상 하명으로 표현하면, 작위하명, 부작위하명, 수인하명, 급부하명이 된다. 이 무슨 중세 봉건시대나 조선시대 압제를 떠올리는 명령(하명)같이 느껴질 것이다. 다시 한번 경찰 작용에 대한 앞의 이야기를 떠올려보자. 앞에서 경찰 작용이란 '공공의 안녕 또는 질서에 대한 위험을 방지하기 위하여 **일반통치권**에 근거하여 국민에게 명령·강제함으로써 국민의 자연적 자유를 제한하는 작용'이라고 하였다. 그 일반통치권이 중세 봉건시대나 조선시대에는 왕에게서 나왔다면 현대에서는 국민에게서 민주적으로 선택된 법치주의 국가에서 나온다는 점이 달라진 것이다.

그래서 국가 행정기관이라고 해서 왕처럼 마구 하명을 내리지 못한다. 그 국가 행정기관에 법률에서 그 권한을 유보해주어야 한다. 즉 하명을 할 정당한 권한이 있어야 한다는 뜻이다. 그리고 그 하명은 법률 등에 위반되지 않아야 한다. 그러므로 당연히 실현 가능하고 명백해야 한다. 이는 행정기관이 '누구와 결혼하라'라는 하명 권한이 없으므로 그런 하명을 할 수 없고, 법률에서 부여한 권한에 의해서 하명하더라도 그 하명을 이행하는 것이 법에 위반되거나 실현 불가능하면 그 하명은 성립될 수 없는 것이다. 또한 무슨 하명인지 명백하지 않아도 성립되지 않아 하명의 법적 효과, 즉 상대방에게 의무가 발생하지 않는 것이다. 그리고 하명이 성립하기 위해서는 적법절차를 거쳐야 하는데 이는 행정절차법에서 규정하고 있다. 또한 형식도 갖추어야 하는데 보통은 문서로 하는 것이 원칙인데 말로 하는 경우도 있다. 또한 어떤 표시를 이용할 수도 있는데 교통경찰관의 수신호도 하명에 해당한다. 참고로 도로에서 자주 보는 신호등의 신호도 하명인 행정행위다. 파란불은 "통과하세요"란 작위하명이고, 빨간불은 "정지하세요"란 부작위하명이다. 상대방에게 이런 하명이 전달되어야 하는데 이를 '고지'라고 한다. 고지는 서면이나 구두, 그리고 신호 등이 사용됨을 알 수 있을 것이다.

이렇게 유효하게 성립된 하명은 여러 가지 효력을 발생하게 되는데, 상대방은 물론 제3자, 처분청 및 처분청 이외의 국가기관에 대하여 각각 다른 구속력을 발생시키는 것들이 있는데, 이는 여러분이 상세히 공부하기 바란다. 꼭 기억할 것은 바로 하명이 상대방에게 의무를 발생시킨다는 점임을 다시 한번 강조해 둔다. 하명이 명령적 행위이지 형성적 행위가 아니므로 다른 법률관계를 변경하는 것이 아닌 것이 당연하고, 하명은 그 대상이 사람일 수도 있고, 그 사람에게 속한 물건에 대한 것일 수도 있다는 점도 기억해 두자. 부실건축물에 대한 철거 명령(하명)은 그 부실건축물을 하명 후 구입한 사람에게도 당연히 승계되는 것을 여러분도 생각할 수 있을 것이다. 위해가 방지·제거되는 것이 목적이므로 부실건축물은 누구에게 가 있어도 부실건축물이기 때문이다. 반면에 사람의 행위에 대한 하명은 다른 사람에게 승계될 이유는 없을 것이다.

여기서 앞에서 살펴보았지만 경찰관은 현장에서 법적 권한이 있는 범위 내에서 하명을 할 수 있다. 흔히 경찰관들은 "위험하니 돌아가세요", "여기 계시면 안됩니다", "정지하세요" 등등 위해를 방지·제거하기 위한 말을 많이 한다. 이런 말들이 바로 하명이다. 그 말을 상대방이 듣는 순간, 상대방에게는 그렇게 해야 할 의무가 발생하는 것이다. 위해가 전제되어 있지 않은 상황에서 그러한 말은 아무런 법적 효과를 발생시킬 수 없다. 괜히 하는 소리에는 각종 의무가 발생하지 않는다.

이렇게 행정행위에 의해 의무가 발생하면, 상대방은 그 하명에 따를 의무가 발생하고 그 의무를 이행하는 것이 가장 바람직하다. 선량한 시민들은 경찰기관의 말(하명)에 잘 따르고 공공의 안녕과 질서를 위해 함께 노력한다. 그러나 모든 사람이 선량한 것은 아니다. 그 하명에 따른 의무를 이행하지 않는 사람도 있다. 그 의무를 이행하지 않는 사람에게 어떻게 하면 의무를 이행하게 하고, 이행한 것과 같은 효과를 달성할 수 있는지, 그 수단을 알아보는 것이 바로 '경찰의무 이행 확보 수단'이다. 또한 '경찰행정의 실효성 확보 수단'이라고도 한다.

경찰 책임자

경찰은 명령·강제하는 권한을 가지고 있다. 그 권한의 발동은 공공의 안녕과 질서에 구체적 위험이 있을 때만 가능하다. 아무 때나 경찰 권한을 발동하는 것이 아니다. 그리고 경찰 권한은 아무 사람에게나 발동되지 못한다. 이러한 점에서 무시무시한 권한을 가졌지만, 그것이 전제 군주와 다른 점이다.

경찰이 명령·강제하는 경찰권을 발동할 수 있는 대상을 경찰 책임이 있는 자, 즉 '경찰 책임자'라고 한다. 경찰권 발동의 원인이 된 구체적 위험을 야기(발생)한 사람이 경찰 책임자이다. 그 야기(惹起; 일이나 사건 등을 끌어일으킴)는 위험한 물건을 공중이 이용하는 장소에 방치하는 등의 상태를 만들거나, 직접 위험한 행위를 하는 것을 말한다.

형법에서는 책임을 묻기 위해서는 고의, 과실, 행위능력, 불법행위능력, 형사책임능력 등을 따졌다. 경찰 책임은 이와는 전혀 관련이 없다. 경찰 책임은 누구의 과거 일에 대해 처벌하는 것이 아니라, 현재 발생하고 있는 구체적 위험을 방지·제거하기 위한 개념이기 때문이다. 형사책임능력이 없는 어린아이가 옥상에서 돌을 던지려 하고 있다면 경찰은 이를 막아야 하고, 그 어린아이는 경찰 책임자가 된다. 위험한 곳인 줄도 모르고 다가가는 사람도 경찰 책임자다. 위험을 야기하는 것은 행위자 자신에게도 가능하다. 그래서 경찰관은 그를 제지하고 통행금지시킬 수 있는 것이다.

단지 평온하게 길을 다닌다고 해서 경찰 책임자가 되는 것은 아니다. 과거에는 길거리에서 무차별적으로 불심검문을 하던 때가 있었다. 불심검문의 요건에도 맞지 않지만, 구체적 위험을 야기한 경찰 책임자도 아니었으므로 위법적 경찰권 발동으로 폐지하였다. 그러나 불심검문의 요건에 맞는 행동을 보인다면 경찰 책임자로 불심검문이란 경찰권 발동을 당할 수 있다.

아주 극히 예외적인 경우, 즉 경찰 책임자에 대한 조치로서도 안녕과 질서를 확보하지 못할 경우 매우 제한된 요건하에서 경찰 책임자가 아닌 제3자(비책임자)에게도 경찰권을 발동할 수 있음에 유의해야 한다. 탈주범이나 도주 중인 흉악범을 검거하기 위해 무차별 자동차 검문을 하는 경우 등이 있을 수 있다. 자연재해의 경우에도 비책임자인 사람들에게 경찰권을 발동할 수밖에 없을 것이다. 경찰 책임과 관련된 여러 쟁점도 시험에 들기 전에 익혀 두어야 한다.

경찰 의무이행 확보 수단

공공의 안녕과 질서에 대한 위험을 방지·제거하기 위해 국가는 법령 또는 개별적인 하명으로 여러분에게 의무를 부과하고 있다. 그 의무를 이행한다면 국가의 개입은 없다. 그러나 의무를 이행하지 않는다면 국가는 공권력으로 개입한다.

이 원리를 너무 어렵게 생각하지 말기 바란다. 여러분이 겪은 학교 생활에서 이미 경험한 것들이다. 법령은 교칙이었고 하명은 선생님의 명령이었다. 벌칙과 선생님 명령과 실력으로 여러분의 의무를 이행하도록 했다. 정학과 퇴학이 '벌'이고, 소란에 대해 조용히 하라고 하여 조용히 하는 것과 조는 학생에게 나가 있으라고 한 것에 따르는 것이 '의무를 이행'하는 것이다. 그 의무를 이행하지 않고 버틴다면 선생님이 직·간접적인 뭔가를 시행하여 그 원하는 상태를 만들 것이다.

경찰행정상 실효성 확보, 즉 경찰 의무이행 확보 수단은 크게 직접적인 경찰상 강제집행이 있고 간접적인 경찰벌과 그 밖의 경찰 의무이행 확보 수단들이 있다. 여기서 여러분 일상에서 친숙한 교통범칙금과 과태료가 속하는 경찰벌에 대해 먼저 알아보자.

경찰벌이란 경찰법상의 의무위반에 대하여 일반통치권에 근거하여 과하는 제재로서의 처벌을 말한다. 경찰벌은 직접적으로 여러분의 (경찰) 의무 위반에 대한 제재를 가함으로써 경찰법규의 실효성을 확보하는 것이자, 여러분이 앞으로는 그 의무를 위반하지 않도록 심리적 압박을 가하는 간접적인 의무 이행 확보 수단이 된다. 속도 또는 신호를 위반한 뒤 과태료나 범칙금 고지서를 받으면 여러분은 속도 제한이나 신호를 위반하지 않기 위해 주의하는 것과 같다.

경찰벌에는 경찰형벌과 경찰질서벌이 있다. 여러분이 차주로 되어 있으면 누가 운전했든 속도·신호 위반에 대해 차주인 여러분에게 과태료가 부과되는데 이때 과태료는 간접적으로 경찰 목적을 침해한 데 대한 경찰질서벌이다. 이에 불복하면 직접 운전한 사람을 소명하게 하여 범칙금과 벌점을 받게 하는데 이것은 경찰형벌에 해당한다. 교통범칙금은 형법의 형벌 중 과료에 해당한다. 형벌은 형사소송법에 따라 법원이 부과하지만 교통범칙금은 그 예외로서 경찰의 통고처분에 해당한다.

이러한 과태료와 범칙금은 도로교통법이 근거 법률이 되는데, 도로교통법의 목적은 '도로에서 일어나는 교통상의 모든 위험과 장해를 방지하고 제거하여 안전하고 원활한 교통을 확보함'이다. 도로교통법이 경찰행정법임을 밝히는 제1조의 내용이다. 경찰벌의 내용은 「벌칙」 조항에 나열되어 있다. 징역, 벌금, 구류 등의 심한 의무 위반에 대한 제재가 있고, 과료나 과태료를 납부하게 되는 경미한 의무 위반이 있다. 도로교통법을 예로 들어 여러분에게 의무가 부과되고 그 의무를 위반했을 때 벌칙이 주어지는 과정을 보면 다음과 같다.

도로교통법 제17조 제2항은 "경찰청장이나 시·도경찰청장은 도로에서 일어나는 위험을 방지하고 교통의 안전과 원활한 소통을 확보하기 위하여 필요하다고 인정하는 경우에는 다음 각 호의 구분에 따라 구역이나 구간을 지정하여 제1항에 따라 정한 속도를 제한할 수 있다."고 하여 여러분에게 규정 속도로 운전할 의무를 발생시킨다. 그 의무는 제3항에 규정되어 있다. "자동차등과 노면전차의 운전자는 제1항과 제2항에 따른 최고 속도보다 빠르게 운전하거나 최저속도보다 느리게 운전하여서는 아니된다." 그리고 동법 제5조 제1항은 "도로를 통행하는 보행자, 차마 또는 노면전차의 운전자는 교통안전시설이 표시하는 신호 또는 지시와 다음 각 호의 어느 하나에 해당하는 사람이 하는 신호 또는 지시를 따라야 한다."라고 의무를 부과하고, 구체적으로 신호 앞에 선 여러분에게 "멈춤, 통행, 좌회전 등"의 하명을 하여 의무를 발생시킨다.

이렇게 속도나 신호를 위반하였을 경우 동법 제163조에 의해 통고처분(경찰관이 소위 '딱지'를 떼는 것)을 하거나, 단속 카메라에 찍힌 경우 등 의무를 위반하였을 경우에는 동법 제160조 제3항 제2호에 의해 차주에게 과태료가 부과되는 것이다. 과태료는 보통 개별법에 규정되어 있으나 그에 대한 일반법으로는 「질서위반행위규제법」이 있다. 이 과태료 납부 의무를 위반하면 가산금 징수, 관허사업의 제한, 신용정보의 제공, 감치 등의 수단들이 질서위반행위규제법에 규정되어 있다. 참고로 과태료 고지서는 새로운 하명으로 급부의무의 부과가 된다.

간접적인 의무이행 수단은 경찰벌 외에도 최근에 많은 수단이 강구되고 있는데, 과징금, 가산금 제도 외에 경찰관련 법위반사실(명단/내용)의 공표(모욕, 명예훼손, 신용하락 효과) 등이 있는데, 시험에 들게 할 때가 많으므로 정리해 둘 필요가 있다.

이에 반해 직접적인 의무이행 수단은 의무자의 신체나 재산에 실력을 가함으로써 의무를 이행시키거나, 이행이 있은 것과 동일한 상태를 실현하는 경찰작용을 말한다. 이에는 대집행과 직접강제, 강제징수, 이행강제금(집행벌) 등이 있다.

대집행은 여러분의 주차위반 차량이 견인되는 것을 떠올리면 된다. 도로교통법 제35조는 경찰관 또는 관련 공무원이 주차위반을 한 여러분에게 주차 방법을 변경하거나 그곳으로부터 이동할 것을 명할 수 있다고 규정하고 있다. 작위의무를 부과하는 것인데, 이 작위의무는 꼭 여러분이 아니더라도 이행시킬 수 있다. 이러한 대체적 작위의무의 불이행에 대해서는 행정청이 직접, 또는 제3자(견인업체)에게 시켜 이동시키고, 그 비용을 여러분에게 징수한다.

강제징수는 국세 등을 체납했을 때 재산의 압류(교부청구·참가압류를 포함한다), 압류재산의 매각·추심 및 청산의 절차에 따라 강제징수를 하는 것이다. 이행강제금은 의무자가 행정상 의무를 이행하지 아니하는 경우 행정청이 적절한 이행기간을 부여하고, 그 기한까지 행정상 의무를 이행하지 않으면 금전급부의무를 부과하는 것을 말한다. 강제징수와 이행강제금 제도는 형식적 경찰에서는 보통 쓰이지 않는다. 눈앞에서 위험과 장해가 발생하여 즉시 방지·제거해야 하기 때문이다. 높고 위험한 곳에 있는 사람에게 내려올 것을 하명하고 내려오지 않는다고 '10분마다 1만 원'식의 이행강제금을 부과하여서는 행정목적을 달성하기 어렵기 때문이다.

그래서 경찰상 강제집행 중 자주 쓰이고 효율성을 확보할 수 있는 것은 직접강제다. 직접강제는 행정기본법 제30조 제1항 제3호에 규정된 바에 따르면, '의무자가 행정상 의무를 이행하지 아니하는 경우 행정청이 의무자의 신체나 재산에 실력을 행사하여 그 행정상 의무의 이행이 있었던 것과 같은 상태를 실현하는 것'이다. 출입이 금지되어 있는 곳에서 출입을 막거나, 위험한 곳에서 사람을 데려 나오거나, 위험을 방지하기 위해 거주자의 동의를 받지 않고 출입을 하는 등의 실력행사가 직접강제다. 앞에서 살펴본 주차위반 차량의 견인을 경찰이 직접 하는 경우는 자기집행이고 견인업체를 이용하는 것은 타자집행이다. 경찰상 직접강제는 효율적 수단이지만 그 전제로 직접강제하기 전에 적법절차에 따른 의무부과가 선행되어야 함에 주의해야 한다.

직접강제와 즉시강제

다시 한번 정리한다. 당사자(처분의 상대방; 행정기본법 제2조 제3호)를 강제하기 위해서는 당사자에게 행정상 의무가 존재하여야 한다. 행정상 의무는 법령 등에서 직접 부과하거나 행정청이 법령 등에 따라 부과한다(행정기본법 제30조 제1호). 행정청이 법령 등에 따라 부과하는 것이 하명이다.

그런데 어떤 경우는 하명을 할 수 없거나 성질상 하명을 해서는 행정목적을 달성할 수 없다. 눈앞에 말도 할 수 없을 만큼 급박한 경우와 하명의 당사자가 없는 경우 등이다. 독일에서는 이를 즉시집행과 직접시행으로 합리적으로 구분하고 있다. 그런데 유독 일본과 우리는 이를 '즉시강제'라고 부른다.

일본은 세계2차대전 전의 구 헌법(일황전제군국주의)하의 행정집행법에서 행정상 의무 불이행에 대하여 행정기관이 자력으로 강제하는 것이 원칙이었다. 그래서 행정집행법에서는 직접강제와 대집행을 일반적으로 인정하였다. 행정집행법에는 '검속'이란 수단이 있었는데, 만취자·정신이상자·자살기도자의 보호를 위한 '검속'뿐만 아니라, 공안을 해할 우려가 있는 자의 예방을 위한 '검속'도 있었다. 검속은 사람을 가두는 조치다. '예방 검속'이라 하여 죄를 짓지도 않은 사람을 죄를 지을 것 같다는 식으로 가두었고, 그 기한도 다음날 일몰 시까지라는 제한이 있었음에도 장기간 구속하는 등으로 운영되었었다. 이런 무시무시한 직접강제수단에 대한 트라우마가 전후 일본에서는 남아있었던 것으로 추정된다. 그래서 인신에 대한 직접강제는 극히 일부의 법률에서 규정하고 있음에 불과하다고 일본 학자들은 인식하고 있다. 그러나 사실은 직접강제 대부분을 '즉시강제'로 바꿔 부르는 속임수를 택한 것으로 보인다.[1]

해방은 되었으나 식민일제의 잔재는 그대로 남아있다고 보

1) 田村正傳(타무라 마사히로)/황순평·김혁 역, 『경찰행정법』, 도서출판 그린, 2017. 8. 14.
  132쪽에서는 구헌법하의 행정집행법에서 직접강제 및 대집행을 일반적으로 취할 수 있도록 하고 있었다고 서술하고는 곧 137쪽에서는 그것이 행정집행법의 즉시강제였다고 설명하고 있다. 즉 즉시강제가 직접강제이었음을 자인하고 있다. 그러면서 132쪽에서는 "행정집행법이 불명확한 요건을 두고 행정기관에 광범위한 강제권한을 인정하고 있어, 이를 전후 개혁을 통해 폐지되고, 새로이 엄격한 요건을 규정한 대집행과 경찰관직무집행법이 제정되었다"라고 서술하고 "직접강제는 현행법상 극히 드물다"고 서술하고 있다. 직접강제에 대한 트라우마로 인해 직접강제란 용어를 즉시강제로 대체한 것으로 추정되는 대목이다.

아도 무방하다. 미군정에 의한 강제적인 법제개혁을 하는 과정에서 탄생한 일본 경찰관직무집행법을 그대로 번역하여 입법한 것이 우리의 경찰관직무집행법이 되었고, 그 근간은 그대로 남아있다. 일본은 "즉시강제란 행정기관이 국민의 신체·재산에 직접 실력을 행사하여 행정목적을 달성하는 것이다. 긴급한 필요가 있고 사전에 국민에게 의무를 부과할 여유가 없는 경우, 의무를 부과할 상대방을 알 수 없는 경우, 사안의 성질상 행정기관이 직접 실력을 행사할 필요가 있는 경우에 행하여진다. 즉시강제는 국민의 의무불이행을 전제로 하지 않는 것이다"라고 학자들은 인식하고 있는 것으로 보인다.

이를 받아 우리의 전통적인 다수설은 즉시강제를 '의무의 존재와 그의 불이행'이 전제되지 않는 경우의 행정수단으로 인식하고 있다. 의무가 존재하지 않는데 강제가 가능하다는 치명적인 약점이 있음에도 다수설의 위치를 점하고 있는 것이 바로 일제 잔재의 불청산이라고 생각한다. 이러한 약점에 대해 그 구분을 '사전에 (경찰하명을 통해서) 의무를 명함이 있었는지 여부'를 기준으로 해야 한다는 견해가 등장하였는데, 이 역시 '즉시강제'란 용어를 인정하고 있어 글쓴이는 동의하지 않는다.

행정기본법 제30조 제5호는 "즉시강제란 현재의 급박한 행정상의 장해를 제거하기 위한 경우로서 다음 각 목의 어느 하나에 해당하는 경우에 행정청이 곧바로 국민의 신체 또는 재산에 실력을 행사하여 행정목적을 달성하는 것"이라고 적시하고, 그 경우는 "행정청이 미리 행정상 의무 이행을 명할 시간적 여유가 없는 경우"와 "그 성질상 행정상 의무의 이행을 명하는 것만으로는 행정목적 달성이 곤란한 경우"로 설명하고 있다. 이렇게 행정기본법에 기존 강학상의 '즉시강제'를 명문화해 놓은 것에 후학의 비판이 있어야 한다고 글쓴이는 생각하고 있다.

글쓴이가 즉시강제에 대해서 이렇게 목소리를 높이는 것은 즉시강제란 용어와 개념이 실제 치안현장에서 적정한 경찰 작용을 크게 침해하는 주범이기 때문이다. 현재 경찰은 범죄의 진압에 대해서는 형사법에 따라 훌륭하게 집행하고 있다. 그리고 눈앞의 급박한 상황에 대해서도 대체로 잘 조치하고 있다. 그런데 서서히 진행되는 법익 침해가 경찰이 개입해야 할 '구체적 위험'임에도 그것을 방지·제거할 마땅한 수단을 떠올리지 못하는 것이 실정이다. 층간소음, 스토킹, 시비, 경범죄처벌법상의 행위에 대해서는 '자살기도자 구조'와 같은 실력을 행사할 생각을 아예 하지 못하는 것이다. 일본에서 인식하듯이 신체·재산에 대한 직접강제는 최소화되어 있고, 단지 즉시강제만 가능하다는 인식이 교육과 교양, 그리고 실제 현장에서 고착되었기 때문이라고 생각한다.

그렇기 때문에 즉시강제는 하명 절차가 생략될 수밖에 없는 '직접강제'란 사실을 인식하지 못하는 것이다. 행정대집행법 제3조는 대집행의 절차를 규정하고 있고 제3항에 "비상시 또는 위험이 절박한 경우에 있어서 당해 행위의 급속한 실시를 요하여 전 2항에 규정한 수속을 취할 여유가 없을 때에는 그 수속을 거치지 아니하고 대집행을 할 수 있다."라고 규정하고 있다. 이를 즉시 대집행이라고 하지 않는다. 대집행 아래에 하명절차가 생략될 수 있는 대집행이 있는 것이다. 마찬가지로 경찰상 직접강제도 하명절차가 생략될 수 있는 직접강제가 있다고 인식해야 한다.

그래야 경찰 작용에 있어 적법절차가 준수될 수 있다. 구체적 위험이 발견되면 경찰은 개입할 수 있고, 그 구체적 위험이 무엇인지 대상자에게 고지하고 그 위험을 방지·제거하기 위해 필요한 조치를 스스로 할 것을 하명하고, 의무 불이행시 어떤 수단으로 그 의무를 실력으로 이행시킬 것인지 계고하였음에도 불구하고 이행하지 않으면 직접강제를 하는 것이다. 그래야 비례의 원칙에 따른 과잉금지원칙을 준수할 수 있다. 그리고 서

서히 또는 눈앞에 급박하지 않다고 해서 조치하지 않는 것도 잘못된 것이다. 이는 과소금지원칙을 위반하는 것이다. 도저히 하명을 할 수 없는 경우가 있는데 이는 눈앞의 상황에 주목하면 누구나 알 수 있다. 물로 뛰어들거나, 자살을 기도하거나, 그리고 차량을 방치해놓고 가버린 대상자의 경우 등이다. 이때는 하명절차가 불가피하게 생략될 수밖에 없다.

직접강제와 즉시강제는 같은 카테고리가 아니다. 형제자매지간이 아니고 직접강제의 하위 개념임에도 꼭 같은 강제의 종류인 것처럼 보이는 착시가 실제 치안현장에서의 경찰 작용에 방해 요소가 되는 것이다. 위험에 대한 고지, 하명, 불이행시 조치수단 계고 등의 절차를 구체적 예시로 하면 다음과 같다.

"추락할 위험이 있으니 내려오세요. 내려오지 않으면 경찰이 강제로 내려오게 하겠습니다.", "상호 폭행이나 상해를 할 위험이 있으니 떨어지세요. 물러서지 않으면 경찰이 강제로 분리하겠습니다", "소음으로 인해 마을 주민이나 이웃이 고통을 받고 있으니 소리를 낮추세요. 낮추지 않으면 전원을 끄겠습니다. 경찰이 집으로 들어가지 못하게 하면 전체 전원을 차단하겠습니다.(판례)", "상대방이 원하지 않으니 그만 따라다니세요. 계속 따라 다니면 경찰이 개입하겠습니다."

행정기본법과 행정절차법,
그리고 경찰관직무집행법

　글쓴이가 법학을 공부하고, 또 배운 법학의 도움으로 실무를 할 때도 강제, 이행강제금, 즉시강제 등의 용어는 강학상의 용어였다. 그런데 이 용어는 이제 강학상의 용어가 아닌 법률에 규정된 용어가 되었다. 2021년 3월 23일 제정되고, 그해 9월 24일 시행된 행정기본법에서 이 용어들에 대해서 명시하였기 때문이다.

　행정기본법의 제정 이유는 "행정 법령은 국가 법령의 대부분을 차지하고 국민 생활과 기업 활동에 중대한 영향을 미치는 핵심 법령이나, 그동안 행정법 분야의 집행 원칙과 기준이 되는 기본법이 없어 일선 공무원과 국민들이 복잡한 행정법 체계를 이해하기 어렵고, 개별법마다 유사한 제도를 다르게 규정하고 있어 하나의 제도 개선을 위하여 수백 개의 법률을 정비해야 하는 문제점이 있었다. 이에 따라 부당결부금지의 원칙 등 학설·판례로 정립된 행정법의 일반원칙을 명문화하고, 행정 법령 개정 시 신법과 구법의 적용 기준, 수리가 필요한 신고의 효력 발생시점 등 법 집행의 기준을 명확히 제시하며, 개별법에 산재해 있는 인허가 의제 제도 등 유사한 제도의 공통 사항을 체계화함으로써 국민 혼란을 해소하고 행정의 신뢰성·효율성을 제고하는 한편, 일부 개별법에 따라 운영되고 있는 처분에 대한 이의신청제도를 확대하고, 법령이나 판례에 따라 인정되는 권익보호 수단에 더하여 처분의 재심사제도를 도입하는 등 행정 분야에서 국민의 실체적 권리를 강화함으로써 국민 중심의 행정법 체계로 전환할 수 있도록 하고, 이를 통하여 국민의 권익 보호와 법치주의의 발전에 이바지하기 위하여 이 법을 제정하려는 것"이라고 밝히고 있다.

행정절차법은 1996년 12월 31일 제정되어 1998년 1월 1일 시행되었다. 그 이유는 "행정청이 각종 처분을 하거나 법령·정책·제도 등을 제정·수립 또는 변경하는 경우 이에 대한 합리적인 기준과 공정한 절차를 마련하고, 국민의 의견을 직접 듣고 반영할 수 있는 기회를 보장하여 국민의 권익보호와 행정의 공정성·투명성·신뢰성을 확보하려는 것"이었다. 그리고 처분·신고·입법예고·행정예고·행정지도의 절차에 관하여 다른 법률에 특별한 규정이 없는 한 이 법이 정하는 바에 의하도록 하였다. 또한 당사자에게 의무를 과하거나 권익을 제한하는 처분을 하는 경우에는 사전통지하고, 청문 등을 통하여 의견청취를 하도록 하며, 처분의 근거와 이유를 제시하도록 하였다.

즉시강제와 관련하여 이 두 법률의 규정을 살펴보자. 행정기본법 제33조(즉시강제)는 "즉시강제는 다른 수단으로는 행정목적을 달성할 수 없는 경우에만 허용되며, 이 경우에도 최소한으로만 실시하여야 한다."라고 규정하고, 또한 "즉시강제를 실시하기 위하여 현장에 파견되는 집행책임자는 그가 집행책임자임을 표시하는 증표를 보여 주어야 하며, 즉시강제의 이유와 내용을 고지하여야 한다."라고 설명하고 있다.

이에 비해 제32조(직접강제)는 "행정대집행이나 이행강제금 부과의 방법으로는 행정상 의무 이행을 확보할 수 없거나 그 실현이 불가능한 경우에 실시하여야 한다."라고 하고, "직접강제를 실시하기 위하여 현장에 파견되는 집행책임자는 그가 집행책임자임을 표시하는 증표를 보여 주어야 한다."고 규정하고 있다. 이때 직접강제의 계고 및 통지에 관하여는 제31조 제3항 및 제4항을 준용하도록 되어 있다. 그 내용은 "직접강제를 하기 위해서는 미리 의무자에게 적절한 이행기간을 정하여 그 기한까지 행정상 의무를 이행하지 아니하면 직접강제를 하겠다는 뜻을 문서로 계고(戒告)하여야 하고, 행정청은 의무자가 계고에서 정한 기한까지 행정상 의무를 이행하지 아니한 경우 직접 강제의 사유·시기를 문서로 명확하게 적어 의무자에게 통지하여야 한다."라고 규정하고 있다.

행정기본법 제30조 제5호에서 즉시강제는 "현재의 급박한 행정상의 장해를 제거하기 위한 경우로서 행정청이 미리 행정상 의무 이행을 명할 시간적 여유가 없는 경우, 또는 그 성질상 행정상 의무의 이행을 명하는 것만으로는 행정목적 달성이 곤란한 경우에 행정청이 곧바로 국민의 신체 또는 재산에 실력을 행사하여 행정목적을 달성하는 것"이라고 정의하고 있다. 그런데 정의에 비해 행정기본법 제33조의 즉시강제는 행정상 의무 이행을 명할 시간적 여유가 없거나 그 성질상 행정상 의무 이행을 명하는 것이 행정목적 달성상 곤란한 경우에도 '그 즉시강제에 대한 이유와 내용을 고지하여야 한다'라고 규정하고 있다. 이때의 이유와 내용에 대한 고지는 사후에 하는 것이어야 할 것이다. 의무를 명할 시간적 여유가 없거나 행정목적 달성상 의무를 명하지 않았는데 즉시강제를 하기 전에 이유와 내용을 고지하는 것은 논리상 맞지 않기 때문이다.

행정절차법 제21조(처분의 사전통지)에서 "행정청은 당사자에게 의무를 부과하거나 권익을 제한하는 처분을 하는 경우에는 미리 다음 각 호의 사항을 당사자등에게 통지하여야 한다.''라고 규정하였다. 각호는 처분의 제목, 당사자의 성명 또는 명칭과 주소, **처분하려는 원인이 되는 사실과 처분의 내용 및 법적 근거**, 이에 대한 의견을 제출할 수 있다는 뜻과 의견을 제출하지 아니하는 경우의 처리방법, 의견제출기관의 명칭과 주소, 의견제출기한, 그 밖에 필요한 사항 등이다. 행정기본법상 즉시강제는 이 행정절차법 제31조의 사전 통지가 생략된 것으로 생각할 수도 있다.

경찰관직무집행법은 행정기본법과 행정절차법과는 달리 경직법상 표준직무조치가 하명, 직접강제, 즉시강제 등과 어떤 관련과 절차가 있는지에 대해 침묵하고 있고, 경직법 규정상 일부 절차인 것처럼 보이지만 명확하지 않다.

행정절차법 제3조(적용 범위)는 절차(이하 "행정절차"라 한다)에 관하여 다른 법률에 특별한 규정이 있는 경우를 제외하고는 이 법에서 정하는 바에 따른다고 규정하고 있다. 그리고 행정기본법 제5조(다른 법률과의 관계)에서는 행정에 관하여 다른 법률에 특별한 규정이 있는 경우를 제외하고는 이 법에서 정하는 바에 따른다고 규정하고 있다. 그렇다면 경찰관직무집행법의 적용에 있어 그 절차는 행정기본법과 행정절차법에 따라야 한다. 그런데 행정기본법과 행정절차법의 절차는 문서로 하는 것이 원칙인데, 형식적 경찰의 대부분의 법집행은 구두로 하명하고, 그 직접강제이든 즉시강제이든 그 이유와 내용을 구두로 고지한다.

이러한 점을 고려하면 행정기본법과 행정절차법, 그리고 경찰관직무집행법의 조화로운 절차는 다음과 같이 될 것이다. 공공의 안녕과 질서에 위험이 발생하면 당사자(경찰책임자 또는 제3자)에게 **처분하려는 원인이 되는 사실과 처분의 내용 및 법적 근거**를 통지하여야 한다. 그리고 직접강제의 계고를 함께 통지하는 것이다. 그렇다면 그 절차를 구두로 이야기하게 되면 다음과 같이 된다.

"추락할 위험이 있으니(처분의 원인이 되는 사실) 내려오세요(처분의 내용: 내려오라는 작위의무 부과). 내려오지 않으면(직접강제의 시기의 계고) 경찰이 강제로 내려오게 하겠습니다(직접강제의 내용)." 다른 행정작용과 달리 비교적 짧은 시간 안에 이루어지므로 이러한 원인이 되는 사실과 처분의 내용 통지, 계고, 집행 후 이유와 내용 통지 등이 명확한 구분 없이 진행되기도 한다. 그러나 이러한 절차는 준수되어야 절차위반, 과잉·과소

금지위반 등의 위법의 여지를 남기지 않는다.

행정절차법 제21조 처분의 사전통지는 생략될 수 있는데, 제4항 제1호에서 '공공의 안전 또는 복리를 위하여 긴급히 처분을 할 필요가 있는 경우'이다. 이렇게 경찰상 하명과 강제에 있어서도 공공의 안전을 위하여 사전통지가 생략될 수 있다고 설명하는 것이 합리적이라고 생각한다. 굳이 즉시강제란 용어와 개념을 쓰는 것은 앞서 말한 것처럼 경찰작용의 방해요소가 되기 때문이다.

그리고 행정기본법상 즉시강제는 다른 수단으로는 행정목적을 달성할 수 없는 경우에만 허용되며, 이 경우에도 최소한으로만 실시하여야 한다고 규정하고 있다. 그러므로 경찰관직무집행법상의 표준직무조치를 무조건 즉시강제로 인식하고 집행했을 경우는 '다른 수단으로는 행정목적을 달성할 수 없었는지, 최소한이었는지' 등의 사법적 심사를 받게 된다. 그러므로 경직법상 표준직무조치를 우선 하명과 직접강제의 근거규정으로 인식하고, 그 절차를 지키려고 노력하되, 상황상 명확하게 하명의 시간적 여유가 없거나 하명을 할 수 없는 상황이 되면 그 절차를 생략하는 것으로 인식하는 것이 필요하다. 그것이 현장경찰이 당당하게 법을 집행할 수 있고 위법성 시비 등의 곤란을 비켜갈 수 있는 방법이다.

행정기본법과 행정절차법은 글쓴이가 법학을 공부할 때는 없던 법들이다. 형사소송법 등의 절차법은 평범한 일반인이 굳이 상식처럼 알고 있지 않아도 되는 법이다. 그런데 행정기본법과 행정절차법은 평범한 일반인에게도 많은 관련이 있다. 앞서 '태어나서 살며 죽는 것까지도 행정행위를 필요로 한다'라고 하였다. 그리고 사는 과정에서도 여러분의 주변과 이해관계에 많은 영향을 미치는 것이 행정법관계이다. 경찰법의 특성상 주로 복리를 제외하고 이야기하였지만, 여러분의 복리, 건강, 주거환경 등등과 관련된 각종 이슈들이 행정법 관계와 밀접하다. 그리고 형사소송법과 같은 지루함은 없다. 알아두면 요긴하게 활용할 수 있는 규정들이 많다. 국가나 자치단체에 대해서 항변하거나 대항할 때도 쓰임새가 많다. 그리고 무엇보다도 여러분이 시험에 들 때는 이와 관련된 문제들이 많다.

그래서 직접강제와 즉시강제의 문제를 행정기본법과 행정절차법으로 다시 한번 살펴 본 것이다. 그리고 경찰관직무집행법과의 조화를 생각해 본 이야기로 다른 교과서나 참고서에서는 볼 수 없는 이야기다. 시험에 들 때는 쉰소리일 수 있고, 현장 실무 경찰관에게는 약이 될 수 있는 이야기다.

경찰 편의주의

'엿장수 마음대로'란 말이 있다. 여러분이 이런 말을 알고 있다면 부모 세대의 영향이 있었을 것이다. 글쓴이도 이 말을 직접 겪어 보았다. 옛날 마을에 엿장수가 등장하면 아이들은 집에 있는 수저나 고무신 등을 들고나와 엿으로 바꿔 먹었다. 그런데 엿장수가 잘라주는 양은 그때그때 달랐다. 정액제, 정량제 같은 것이 없을 때 일이다. 원칙도 없고 기준도 없었다. 오직 '엿장수 마음대로'였다.

편의주의란 말이 있다. 이 말은 '어떤 일을 근본적으로 처리하지 아니하고 임시로 대충 처리하는 방법'으로 흔히 쓰인다. 그래서 공무원이 어떤 원칙도 없이 일을 처리하면 '행정 편의주의의 폐해'라고 언론에서 비판하곤 한다. 便宜主義(편의주의)의 편의는 便宜店(편의점)의 편의와 같은 단어다. 여러분이 편의점을 이용할 때 느끼는 편리함을 공무원이 누린다면 편의주의라고 할 수 있다. 말(관념)은 허구(만들어진 것)이므로 말로 만들어진 법도 그 해석이 다양할 수 있다. 법을 적용하는 공무원이 그 해석을 자신들에게만 좋고 이롭게 한다면 여러분은 억울할 것이다. 그래서 행정 편의주의의 편의주의는 극복해야 할 숙제이다.

그런데 경찰법에 있어 편의주의는 경찰 위험방지 조치에 있어 원칙이라고 정하고 있다. 그리고 실제, 형사법에서는 '~하여야 한다'라고 하여 의무를 부과하고 있지만, 경찰법에서는 '~할 수 있다'라고 되어 있다. 즉 하지 않을 수도 있고 할 수도 있다는 말이다. 즉 경찰의 재량을 인정해주어야 한다는 것이 경찰법에서의 원칙이다.

학자들은 그 이유를 '경찰의 조치는 위험방지를 목적으로 하는 것이지 사람을 제재하는 것이 아니기 때문'이라고 설명한다. 무슨 말인지 쉽게 떠오르지 않는다. 글쓴이는 '경찰이란 자원은 도깨비 방망이 같은 것으로 무한정 늘려질 수 없는 자원이기 때문'이라고 생각한다. 모든 위험에 대한 방지조치를 의무로 해 놓는다면 상대적으로 가벼운 위험을 방지하느라 중대한 위험을 방지할 수 없는 상황이 벌어질 수 있기 때문이다. 술 취한 사람을 보호조치하던 중 살인위협 신고를 받는다면 당연히 보호조치를 멈추고 살인위협 신고 장소로 달려가야 하는 것은 여러분의 상식에도 맞을 것이다. 그리고 어떤 경우는 경찰이 개입하지 않고 기다리는 것이 오히려 위험이 고조되는 것을 피할 수 있을 것이다. 인질을 잡고 협박하는 강도에게 곧바로 물리력을 쓰지 않는 경우 등일 것이다.

경찰 편의주의는 편의주의란 어감 때문에 '경찰 재량주의'라고 흔히 쓰인다. 경찰의 재량은 조치를 할 것인지, 아닌지에 대한 재량, 즉 결정재량이 인정된다. 그리고 조치를 할 것인지 결정했더라도 무슨 수단과 방법을 쓸 것인지에 대한 선택재량을 가진다.

이 정도면 경찰 편의주의가 '엿장수 마음대로'라고 오해될 수 있다. 경찰 편의주의가 인정되는 것은 위험방지 조치의 효율성을 고려한 것이지, 경찰이 무조건 마음대로 할 수 있다는 것을 인정한 것은 아니란 점에 유의해야 한다. 재량에 대해서는 그 하자에 대해서 사법적 심사를 받는다. 재량의 범위를 넘어서지는 않았는지, 재량을 적극적으로 고려하지 않은 게으름이 없었는지, 재량을 과잉으로 행사하지 않았는지 등에 대해서 사법적 심사를 받는다.

그리고 어떤 경우는 그 재량권이 0(영)으로 수축되어 없어지기도 한다. 술 취한 사람을 보호조치할 것인지는 경찰의 재량이지만, 만약 그대로 방치하면 동사할 수도 있는 날씨라면 반드시 보호조치해야 한다. 사람의 생명과 신체에 대한 위험일 경우 거의 재량권은 없어지고, 반드시 개입하여야 한다.

이런 경우 지나가는 행인이 이러한 상황을 발견하고 순찰하는 경찰관에게 보호조치를 요구할 수 있고 이는 '경찰개입청구권'이 된다. 그렇다고 모든 위험에 대해 시민이 '경찰개입청구권'을 가지는 것은 아니다. 즉 모든 신고에 경찰이 조치를 해야할 의무는 없는 것이다. 실무에서는 신고 접수단계에서 아예 신고를 받지 않거나 다른 기관으로 이관해 버리는 '코드 4'를 두고 있다.

그럼에도 불구하고 신고를 받고 출동한 경찰관은 앞에서 이야기한 구체적 위험에 대한 판단, 위험이 존재함에도 불구하고 조치를 할 것인지에 대한 재량에 대한 심사, 그리고 조치하는 수단과 방법의 재량에 대한 심사를 해야 한다. 그것도 이미 벌어진 일이 아닌 것에 대한 사전적 판단에 의해서 판단하고 조치하여야 하는 어려움이 있다. 시험에 들게 될 분은 그것이 정답, 오답으로만 끝날 일이지만, 실제 현장에서는 징계와 징벌, 손해배상으로 이어지는 문제다. 그래서 이 이야기에서 '리걸 마인드'를 강조하는 것이다. 급박한 현장에서 참고서나 자문도 없이 혼자 판단하고 혼자 조치해야 하기 때문이다.

경찰 비례의 원칙

경찰법상의 일반원칙은 이미 지난 이야기 속에 섞여 있다. 법률우위의 원칙은 경찰의 조치가 현행 법률에 위반되어서는 안 된다는 것이었고, 법률유보의 원칙은 경찰의 조치가 법률에 의한 수권(授權)이 필요하다는 것이었다.

그리고 적법절차의 원칙이 있는데, 이는 경찰 하명에 대해서 이야기할 때 하였다. 이는 법률이 정한 형식적 절차뿐만 아니라 그 실체적 내용이 모두 합리성과 정당성을 갖춘 적정한 것이어야 한다는 의미이다. 그 절차의 가장 중요한 요청은 당사자에게 적절한 고지를 하는 것이다. 그래서 글쓴이는 하명이 법률우위의 원칙에 위배되지 않으며, 법률이 권한을 부여한 것이고, 적법절차를 지키는 수단임을 강조한 것이다.

또한 이러한 법집행을 누구에게 하여야 하는 것이란 문제는 경찰책임의 원칙으로 설명하였다. 경찰책임의 원칙은 위험을 방지·제거해야 할 조치를 누구에게 행사하여야 하는 문제인데, 상식적으로 그 위험을 야기한 대상자이고, 그 대상자를 경찰책임자라 부른다. 그러나 현장에서는 그 대상자가 명확하지 않거나 또는 다수가 있을 수 있다. 이러한 상황을 설명하는 것이 경찰책임 이론이다. 경찰책임자가 명확하면 그 자에게, 명확하지 않으면 경찰이 직접 위험을 방지·제거하거나, 불가피하다면 책임이 없는 자를 통해서도 위험을 방지·제거할 수 있다고 생각하면 된다. 이런 경우 비용부담과 손실보상의 문제도 시험에 들게 할 때가 있으니 살펴보기 바란다.

앞에서 경찰은 위험에 대한 판단, 재량에 대한 판단을 급박한 상황에서 '고독하게 해야 한다'라고 하였다. 그래서 평소 리걸 마인드가 형성되어 있어야 한다고 했는데, 그 리걸 마인드의 핵심은 경찰 비례의 원칙이다. 법률도 고독하게 법집행을 해야만 하는, 그래서 오로지 자신의 판단과 조치를 하는 경찰에게 반드시 지켜야 하는 원칙을 부여하였다. 헌법 제37조 제2항은 "국민의 모든 자유와 권리는 국가안전보장·질서유지 또는 공공복리를 위하여 필요한 경우에 한하여 법률로써 제한할 수 있으며, 제한하는 경우에도 자유와 권리의 본질적인 내용을 침해할 수 없다."라고 규정하고 있다. 이를 받아 경찰관직무집행법 제1조 제2항은 "이 법에 규정된 경찰관의 직권은 그 직무수행에 필요한 최소한도에서 행사되어야 하며 남용되어서는 아니 된다."라고 규정하였다.

그 구체적 내용은 학문상으로 설명된다. 적·필·상으로 외우는 분들이 많은데, 그 의미에 대해서 명확히 알고 있지 않으면 시험과 실무에서 그 적용에 곤란을 겪는다. 이러한 비례의 원칙은 하명과 강제, 모두에 적용된다.

적합성은 간단하게 위험을 방지하는 수단이 위험 방지의 목적에 적합하냐는 것을 따진다. 위험 방지 조치가 사실상·법률상 불가능하다면 적합성이 없는 것이다. 인질강도를 포기시키기 위해 강도의 가족을 볼모로 삼는 것은 적합하지 않다. 시위행진을 신고받고 어떠한 차량 정체도 없을 것을 조건으로 하는 경우 등이다.

필요성은 적합한 수단이더라도 그중 필요한 한도 이상으로 사용되어서는 안 된다는 원칙이다. 적합한 수단 중에서도 최소의 침해를 가져올 수단을 써야 한다는 말이다. 총기보다는 테이저건, 테이저건보다는 경찰봉, 경찰봉보다는 신체 물리력으로 제압할 것을 요구하는 것이 바로 필요성의 원칙이다.

상당성은 협의의 비례의 원칙이라고도 하는데, 비록 최소침해의 수단이지만, 그 결과가 상대방과 제3자 등의 불이익보다는 작아야 한다는 원칙이다. 총기를 사용하여 제압할 충분한 이유가 있지만, 공중이 모인 장소에서는 공중이 다칠 위험이 있으므로 상당성을 위반한 것이 된다.

이를 종합하면 '과잉금지의 원칙'이 된다. '적당히 할 것을 과도하게 하지 말라'는 이야기로 쉽게 설명된다. 이제 반해 과소금지의 원칙이 있다. 경찰이 개입해야 하는데 개입하지 않아서, 또는 그 개입의 정도가 너무 적어서 개인의 생명과 신체의 위험을 방치하거나 장해를 발생했을 때 문제가 된다. 이는 앞에서 재량권의 0으로의 수축 문제와 관련된다.

이러한 문제들을 여러분이 현장에서 조금은 쉽게 판단할 여유를 주는 것이 바로 '하명'절차이다. 여러분이 어떤 위험을 감지하고 대상자에게 그 위험을 고지하고, 그 위험을 방지·제거할 수 있는 수단과 방법을 제시하는 과정에서 그 위험이 실제가 아닌 것도 알 수 있게 된다. 그리고 가장 적합하고 최소침해가 되며 상당한 것은 '말로 해결하는 것'이다. 말로 해결되면 그것으로 상황은 종결될 것이고, 그렇게 말로 고지하고, 계고했음에도 불구하고 대상자가 야기한 위험이 방지·제거되지 않았다면 불가피하게 물리력을 사용해 직접강제할 수밖에 없을 것이다. 이것이 경찰의 '리걸 마인드'이다.

경찰에 의한 피해 구제

공직자가 되거나 경찰관이 되면 현실적으로 권한은 잘 느껴지지 않지만, 언론 비난, 민원, 소송 등에 의해 경찰권 행사의 위축을 느낄 때가 많다. 절대왕권 등 권력으로부터 국민의 권리와 권익을 보호하기 위한 역사가 법의 역사이기 때문이다. 그런 장치는 지금까지 이야기한 경찰법의 원칙에서도 있었다. 공직자나 경찰관은 이러한 사전적 법원칙에 늘 유의해야 한다.

그런데 그럼에도 불구하고 여러분이 경찰 등에게 권익을 침해당했다면 법은 사후적 구제제도를 마련하고 있다. 그 침해는 적법 또는 위법한 경찰활동에 구애되지 않는다. 적법한 경찰활동의 결과로 침해를 입었다면 '손실보상'을 청구할 수 있다. 예를 들어 가족이나 지인의 자살 시도를 신고하였는데, 경찰이 출입문을 훼손하고 들어가 구조 조치를 했다면, 적법한 활동이지만 출입문 훼손에 대한 손실을 보상받을 수 있다.

적법하지 않는 경찰활동으로 피해를 입었다면 경찰관이 징계와 처벌을 받는 것 외에 국가를 상대로 '손해배상'을 청구할 수 있다. 상대방이 입은 불이익을 금전적으로 배상하게 하는 것이 손해전보 제도인데, 손실보상은 적법한 활동에, 손해배상은 위법한 활동에 적용된다.

손실보상은 원래 '재산상 손실'에 대한 보상이며, 생명·신체에 대한 보상은 행해지지 않는 것이 원칙이다. 이에 반해 손해배상은 생명·신체에 대한 보상이 가능하다는 점이 다르다. 하지만 손해배상은 「국가배상법」이란 일반법이 존재하지만 손실보상에 대한 일반법은 존재하지 않는다. 그래서 경찰상 손실보상은 「경찰관직무집행법」에 의하는데, 앞의 원칙과는 다르게 생명·신체에 대한 손실도 보상하도록 되어 있다.

그리고 전통적인 경찰행정법 이론상으로는 경찰책임자의 위험방지의무, 그러므로 비용을 부담해야 하고, 그래서 당연히 무보상하는 것이 원칙이다. 그런데 우리나라 「경찰관직무집행법」은 이 원칙을 지키면서도 경찰책임자의 책임을 초과하는 손실에 대해서도 보상해주도록 규정하고 있다.

우리 법원은 손해배상에 대해 국민의 손을 들어주는 경향이 있다. 경찰 손실보상규정은 이러한 배경에서 '원칙보다 더 나아가지 않았나'하는 생각이 든다.

경찰관직무집행법상의 경찰의 권한

경찰관직무집행법 제2조는 국민의 생명·신체 및 재산의 보호, 범죄의 예방·진압 및 수사, 범죄피해자 보호, 경비, 주요 인사(人士) 경호 및 대간첩·대테러 작전 수행, 공공안녕에 대한 위험의 예방과 대응을 위한 정보의 수집·작성 및 배포, 교통 단속과 교통 위해(危害)의 방지, 외국 정부기관 및 국제기구와의 국제협력, 그 밖에 공공의 안녕과 질서 유지를 경찰의 직무범위로 정하고 있다. 이는 직무 범위이지 소위 수권조항은 아니다. 이러한 직무를 수행하기 위해 비권력적인 수단을 사용하는 것은 상관하지 않는다.

그러나 권력적인 수단, 즉 국민의 권리를 침해하는 수단을 사용하려면 법률에 의한 수권이 반드시 필요한데, 동법 제3조 이하에서 경찰의 권한을 규정하고 있다. 이를 표준적 직무조치라고 하는 문헌도 있다. 이에 대한 해석과 설명은 오로지 글쓴이의 새로운 시도란 점을 염두에 두길 바란다. 시험에 들었을 때는 기존 문헌을 참고로 하고, 현장에서 실무를 담당할 때는 글쓴이의 해석과 설명이 간명할 것이다. 글쓴이의 해석과 설명은 틀릴 수 있는 것이 아니라, 기존과 다른 것으로 허구인 법을 적용하는 하나의 방법임을 밝혀둔다.

제3조 불심검문은 경찰 활동에 필요한 정보수집의 한 방법이다. 대부분 수권조항은 "~~할 때 (경우) ~~할 수 있다"라고 규정한다. 바로 "~~할 때 (경우)"란 부분을 요건이라고 한다. 요건에 부합해야 비로소 경찰권을 발동할 수 있음에 유의해야 한다. 불심검문의 요건은 '수상한 행동이나 그 밖의 주위 사정을 합리적으로 판단하여 볼 때 어떠한 죄를 범하였거나 범하려 하고 있다고 의심할 만한 상당한 이유가 있는 사람, 이미 행하여진 범죄나 행하여지려고 하는 범죄행위에 관한 사실을 안다고 인정되는 사람'이다. 그래서 이야기했듯이 무차별·무작위 불심검문이었던 '일제 검문'이 사라졌다. 간단하게 경찰관이 합리적인 의심을 가진 사람이 그 대상이자 요건이다.

이러한 사람을 '정지시켜 질문할 수 있다'라는 것이 권한이다. 사람이 많이 다니는 곳에서 종교를 전도하기 위해, 또는 손님을 끌기 위해 지나가는 사람을 정지시켜 질문하는 것에 여러분은 응할 필요가 없다. 만약 응했다면 자의로 응한 것이다. 그러나 경찰이 여러분을 정지시켜 질문하는 것은 불심검문 권한을 행사할 요건이 충족되어 여러분에게 "정지시켜 질문하는 것을 수인하도록" 수인의무를 부과한 것이다. 또는 '정지'라는 작위의무를 부과했다고 생각해도 된다. 여러분이 "왜 그러세요?"라고 묻는다면 경찰은 그 사유를 설명해 주어야 한다. "같은 장소를 한참 동안 배회하고 있어서..", "신고받은 범인과 유사한 복장을 하고 있어서.." 등의 사유를 알려주어야 한다. 단지 질문을 할 수 있을 뿐, 법은 응답을 강제하지 않았기 때문에 경찰관의 질문에 응답할 필요는 없지만, 정지란 작위 또는 수인 의무를 부과받았기에 이 의무는 이행되어야 한다. 따로 경찰벌을 두고 있지 않기에 이 의무를 이행하지 않으면 직접강제의 수단이 행사되는데 이탈하려는 자의 앞을 가로막는 것이다. 법원도 이를 인정했다. 그리고 질문을 하는 경우에 그 사람이 흉기를 가지고 있는지를 조사할 수 있으므로, 이러한 조치도 흉기 조사에 대한 수인의무를 부과한 것이다. 흉기를 숨길 만한 곳을 직접 개방하여 줄 것을 요구할 수도 있고, 경찰관이 직접 그곳을 조사해 볼 수도 있다. 이 경우 직접 그곳을 조사해 보는 행동이 비언어적 표현으로서의 하명일 수 있다. 신호등도 그런 하명임을 떠올려 본다.

동법 제3조의 불심검문은 그 밖의 절차도 규정하고 있다. 경찰관임을 알리는 증표(경찰공무원증)를 제시하고, 질문, 동행 등의 이유를 설명하여야 하며, 동행을 요구하는 경우 동행 장소를 밝혀야 한다. 「주민등록법」에서는 정복 근무 중인 경우는 예외로 한다는 규정이 있어 정복 근무자의 증표 제시는 학설이 나누어져 있다.

동법 제4조는 보호조치이다. 정신착란을 일으키거나 술에 취하여 자신 또는 다른 사람의 생명·신체·재산에 위해를 끼칠 우려가 있는 사람, 자살을 시도하는 사람이 요건이고 대상이다. 이에 대한 보호조치는 '강제 보호'란 점을 잊지 말아야 한다. 실무상 보호란 용어의 어감에만 의존하여 이 조항을 이해하고 있는 경우가 많다. 형사법에서의 체포나 구속과 같은 수단임을 알아야 한다. 미아, 병자, 부상자의 '임의 보호'와는 전혀 다르다. 단 필요 최소한도의 원칙상 가능하면 가족에게 보호할 것을 하명하는 것이 우선이 될 것이다. 정신착란자나 만취자, 자살기도자에게 하명할 시간적 여유나 하명으로 경찰목적을 달성하지 못할 경우는 하명절차를 생략할 수 있다. 무조건 '즉시강제한다'라는 인식은 가지지 않는 것이 현명하다. 보호조치 장소는 경찰관서나 공중보건의료기관이나 공공구호기관이다. 이러한 법과는 달리 현실에서는 정신착란자와 만취자에 대한 조치가 용이하지 않다. 「응급의료에 관한 법률」과 「보건의료기본법」도 함께 살펴볼 필요가 있다. 경찰의 긴급구호요청은 하명으로 볼 수 있고, 이에 대한 불응은 벌칙으로 의무를 이행하도록 하고 있다.

동법 제5조는 위험발생의 방지 조치인데, 요건이 "사람의 생명 또는 신체에 위해를 끼치거나 재산에 중대한 손해를 끼칠 우려가 있는 천재(天災), 사변(事變), 인공구조물의 파손이나 붕괴, 교통사고, 위험물의 폭발, 위험한 동물 등의 출현, 극도의 혼잡, 그 밖의 위험한 사태가 있을 때"처럼 확정적이지 않다. 예시 등이 무언가 엄청난 위험인 것처럼 되어 있는데, 그 밖의 위험한 사태도 포함됨을 유의해야 한다. 공공의 안녕과 질서에 대한 구체적 위험으로 인식하여야 한다. 이에 대한 권한은 "그 장소에 모인 사람, 사물(事物)의 관리자, 그 밖의 관계인에게 필요한 경고를 하는 것, 매우 긴급한 경우에는 위해를 입을 우려가 있는 사람을 필요한 한도에서 억류하거나 피난시키는 것, 그 장소에 있는 사람, 사물의 관리자, 그 밖의 관계인에게 위해를 방지하기 위하여 필요하다고 인정되는 조치를 하게 하거나 직접 그 조치를 하는 것"이다. 이 조항은 개별적 수권조항이지만, 그 형식과 내용은 개괄적 수권조항처럼 보인다. 그래서 이에 대한 학설 대립이 있음을 알아두고, 이 조항이 지금까지 이야기한 하명과 직접강제에 대한 규정이 적절하게 있음을 기억해야 한다. 억류나 피난 같은 수단이 명시되어 있기도 하지만, '위해를 방지하기 위하여 필요하다고 인정되는 조치'는 다양할 수밖에 없다. "위험하니 내려오세요", "위험하니 출입을 금합니다", "서로 폭행의 위험이 있으니 떨어지세요", "야밤에 참을 수 없는 소음은 이웃에게 피해를 입힐 수 있으니 중지하세요." 이 수권 조항을 어떻게 활용하는지에 대해 고민을 많이 해야 한다. 그래야 훌륭한 경찰 작용이 가능하다.

동법 제7조는 위험방지를 위한 출입 권한이다. 동법 제5조 (위험발생 방지)와 제6조(범죄의 예방과 제지)에 따른 위험한 사태, 특히 "사람의 생명·신체 또는 재산에 대한 위해가 임박한 때"가 요건이다. 그리고 "그 위해를 방지하거나 피해자를 구조하기 위하여 부득이하다고 인정되는 때"도 요건이다. 범인을 체포하기 위해서는 안 된다는 것에 유의해야 한다. 범인에 관한 것은 형소소송법의 규정에 따라야 한다. 위험방지를 위해 출입이 필요한 곳이라면 제5조, 제6조의 목적을 위한 당연한 규정으로 보인다. 실무상 가장 많은 경우는 자살기도자 구조의 경우다. 그리고 실종자를 찾기 위해 출입이 필요한 곳에 들어간다거나, 드론을 활용할 수 있는 근거규정이 되기도 한다. 동법 제7조 2항은 임박한 범죄나 위험이 아니라 범죄나 위험을 예방하기 위한 규정임에 유의해야 한다.

이 밖에 동법 제8조와 제8조의2에 사실의 확인과 정보수집 등의 권한이 명시되어 있으나, 권력적 행위가 아니다. 강제하기 위해서는 형사소송법이나 개인정보보호법 등의 조력을 받아야 한다. 하명과 관련된 권한은 5가지 정도다.

에필로그

　프롤로그에서 글쓴이는 야심(?)찬 동기와 의욕으로 이 이야기를 시작했었다. 시작은 미약했으나 끝은 창대하리란 기대도 가졌었다. 기성의 학자나 법률가가 아닌 박사과정의 대학원생이란 것을 핑계 삼아 가벼운 글이 될 것을 암시하기도 하였다. 그러면서 기성의 학자나 법률가로서는 도저히 취할 수 없는 형식과 전개로 법학을 기웃거리는 분들에게 흥미와 대강의 윤곽을 제공해 줄 수 있을 것이라고도 믿었었다. 에세이 같은 형식에 이야기당 몇 장을 넘기지 않고, 분량도 지루함을 남기지 않으려고 노력했었다. 그러나 이야기의 끝에 선 심정은 한마디로 "했었다"로 글쓴이의 동기, 의욕, 기대, 믿음, 노력이 제대로 실현되었는지에 대해 의문이 가시지 않는다.

　이 이야기가 완성되는데 몇 쪽을 남겨 두고 '경찰국 사태'가 벌어졌다. 그로 인한 이야기의 공백은 글쓴이에게 이 이야기를 다시 처음부터 다시 꼼꼼히 읽어보게 하였다. 글쓴이가 배운 법학의 형식이 아니어서 느껴지는 이질감도 있었지만, 누군가에게는 재미있게 읽힐 수도 있지 않을까 하는 희망도 보였다.

처음의 의도가 체계적이고 완벽한 법학개론이 아니라, 법학개론 등 법학에 대한 도전을 의욕해볼 만한 흥미를 불러일으키는 것이라면, 글쓴이의 법학공부 시절의 그 암담함을 조금은 희석시킬 수 있다면, 그런대로 괜찮은 이야기가 만들어졌다고 위안도 되었다. 경찰행정법의 대가이시고 존경하는 서정범 교수님이 "생각에만 머물면 아무것도 아니고 쓰면 아무것이 아닌 것은 아니다"라고 격려해 주신 덕분에 이제 이 이야기를 세상에 내놓을 자신이 생겼다.

　헌법, 형법, 형사소송법, 그리고 경찰행정법을 아우르며 법에 대한 흥미를 유발하고 법학에의 도전을 이끌려고 만들어 낸 이 이야기에 어느 독자 한 분이라도 만족한다면 글쓴이의 시도는 의미 있었다고 생각한다.

　이 이야기도 만들어진 것이듯 법도 인간의 필요에 의해 만들어졌다. 절대적인 법이란 없다. 그 입법이 투쟁이듯이 그 해석도 투쟁이다. 법학을 공부하는 사람은 이 사실을 잊지 말고 비판적으로 법학을 공부해야 한다. 그리고 절실한 필요에 의해 법학을 공부하여야 한다. 법률 속의 국민이나 사람은 바로 여러분 자신이다. 그렇게 절박하게 법률의 문장을 읽어 나가야 한다. 끝까지 이야기를 들어 주어 감사하고 스스로는 충만하다.

이동환

경찰대학교 법학과 졸업
고려대학교 법무대학원 석사
경찰대학 치안대학원 박사과정
경찰법 이론실무 포럼 운영위원

경찰대학교 경찰학과장
경찰법제개혁(경찰관직무집행법 개정)T/F팀장
서울경찰청 112상황실장, 여성청소년과장
서울경찰청 성동경찰서장, 경찰청 생활안전과장
부산경찰청 기장경찰서장, 경기경찰청 생활안전과장
경남경찰청 양산경찰서장, 경찰청 기본과 원칙 구현 T/F(기원단)단장
G20 정상회의 경비대책 T/F팀장, 서울경찰청 과학수사계장, 폭력계장
서울 동대문 경찰서 수사과장, 형사법무정책연구원 파견
부산경찰청 해운대경찰서 경비과장

꼬리 밟고 쏙쏙
경찰법이야기

초판 1쇄발행   2023년 1월 20일
초판 2쇄발행   2023년 2월 15일

지은이   이동환
펴낸이   이구만
편 집   전충영
삽 화   박상철
디자인   이채현

펴낸곳   유원북스

04091 서울특별시 마포구 토정로 222, 416호
(신수동, 한국출판콘텐츠센터)
Tel (02)593-1800   Fax (02)6455-1809
출판등록 2011. 9. 6.   제25100-2012-3호
www.uwonbooks.com   uwbooks@daum.net

ISBN 979-11-6288-162-0 (93360)

정 가 | 16,000원